BIBLIOTHÈQUE DE ROMORANTIN

CATALOGUE

DES

OUVRAGES, BROCHURES

Et Manuscrits

Existant au 1ᵉʳ Octobre 1895

ET

CATALOGUE DE LA BIBLIOTHÈQUE

De M. Émile MARTIN

Prix : 50 centimes.

ROMORANTIN

A. STANDACHAR ET Cⁱᵉ, IMPRIMEURS-ÉDITEURS

1895

CATALOGUE

DES

OUVRAGES, BROCHURES

et Manuscrits

DE LA BIBLIOTHÈQUE DE ROMORANTIN

AU 1ᵉʳ OCTOBRE 1895.

Extrait du Réglement :

La Bibliothèque est ouverte au public tous les jeudis et tous les dimanches non fériés, de 1 h. à 4 h. Elle est fermée les jours de fête.

Les livres peuvent être emportés ou lus dans la salle de lecture, les prêts sont entièrement gratuits.

Tout volume perdu est remboursé au taux fixé par le catalogue général. Les volumes détériorés doivent être remboursés par l'emprunteur si la dépréciation est notable ou reliés à nouveau aux frais de l'auteur de l'accident, ou enfin payés en partie.

Les volumes sont prêtés pour 15 jours. Ce délai expiré, le lecteur peut, s'il n'a pas fini le livre commencé, demander à le conserver ; mais il doit toujours représenter le volume sur lequel le Commissaire inscrit un nouveau numéro de sortie.

Il est dû 0,25 centimes d'amende par chaque volume rapporté après vingt jours. Cette amende s'augmente de 0,25 c. par volume et par semaine de retard.

Il est formellement interdit de corner les feuillets, de casser le dos des reliures, de faire des annotations ou des dessins dans les marges ; on ne doit pas non plus se prêter les volumes de lecteur à lecteur sans passer par l'inscription du registre de la Bibliothèque.

Les volumes annotés R (réservé), ne peuvent être prêtés aux jeunes gens et ne doivent sortir qu'avec l'autorisation du Commissaire de service. Les atlas et dictionnaires ne peuvent non plus être prêtés au dehors.

Les dons de volumes sont reçus avec gratitude par le Comité.

Les lecteurs qui auraient à signaler quelque ouvrage manquant à la Bibliothèque, peuvent en consigner la demande sur un registre à ce destiné ; la Commission décide s'il y a lieu d'en faire l'acquisition.

Ce Catalogue est livré aux personnes qui le désirent au prix de 0,50 c.

CATALOGUE DE LA BIBLIOTHÈQUE DE ROMORANTIN

Théologie. — Ecriture Sainte

Anonymes	Bible des Noëls (la grande.)
—	Explication des épitres et évangiles de tous les dimanches.
—	Les Fleurs des vies des Saints. 2 vol.
—	Le nouveau Testament de N. S. Jésus-Christ.
—	Le nouveau Testament.
—	Processionale ritibus romanæ ecclesiæ accommodatum.
Genoude	Leçons et modèles de Littérature sacrée.
Nicolas de Dijon	Sermons sur les évangiles.
Royaumont	Histoire du Vieux et du Nouveau Testament.

Théologie. — Ecriture sainte. — Interprètes.

Anonymes	La Bibliothèque des Prédicateurs. 2 vol.
—	Le petit Parnasse Chrétien.
Béauzée	De Imitatione Christi.
De Beüil	De l'Imitation de Jésus-Christ.
De Gasparin	La Bible. 2 vol.
—	L'Église selon l'Evangile. 2 vol.
—	Luther et la Réforme au XVIe siècle.
De Genoude	L'imitation de Jésus-Christ.
Hayneufve	Abrégé des Méditations sur la vie de Jésus-Christ. 4 vol.
Langeois	La Science universelle de l'Écriture sainte.
Massillon	Sermons. 2 vol.
De Noailles	Conférences ecclésiastiques sur l'usure.
Parvilliers	Les stations de Jérusalem.
Rodriguez	Pratique de la Perfection et des Vertus chrétiennes.
Saint-Aubin	Paraphrase de l'Ecclésiaste.

Théologie. — Théologie morale. — Polémique.

Anonymes	Le Libérateur annoncé et promis à tous les peuples. 2 vol.
—	Les inconvénients du célibat des prêtres.
—	L'Ange conducteur dans la dévotion chrétne.
—	Le Pape et le Congrès.
Bert (Paul)	La Morale des Jésuites.
Dupanloup	Lettre à un catholique sur la brochure : *le Pape*.
—	La Convention du 15 septembre et l'Encyclique du 8 décembre.
Dupuis	Abrégé de l'origine de tous les cultes.
De Frayssinous	Défense du christianisme. 2 vol.
De Gasparin	Questions diverses.
—	Les Ecoles de doute et l'Ecole de foi.

Kasimirski	Le Coran
Lacordaire	De la liberté de l'Italie et de l'Église.
De Lamennais	Paroles d'un croyant.
—	Le livre du peuple.
Michelet	La Sorcière.
Montaigne	Le Christianisme.
Notovich (Nicolas)	La vie inconnue de Jésus-Christ.
Oldenberg (H.)	Le Bouddha, sa vie, sa doctrine, sa communauté.
Pascal	Les Pensées.
—	Idem.
—	Les Provinciales.
—	Idem. 2 vol.
Peignot	Dictionnaire des principaux livres condamnés au feu. 2 vol.
Poujoulat	Examen de la vie de Jésus, de Renan.
Renan	Vie de Jésus.
—	Idem.
—	Les Apôtres.
—	Saint-Paul.
—	Les Evangiles.
—	L'Ante-Christ.
Théron	Le Christianisme et l'Esclavage.
Turpin	Histoire de l'Alcoran. 2 vol.

Jurisprudence. — Droit français ancien

De Ferrière.	Nouveau commentaire sur la coutume de la Prévosté et Vicomté de la ville de Paris. 2 v.
Fourré	Coutumes générales du Pays et Comtés de Blois, ensemble les coutumes locales des Baronnies et... du ressort. 2 vol. R.

Jurisprudence. — Droit français. — Code civil

Accolas (Emile)	Les Contrats et les obligations contract^{uelles}.
—	Idem.
—	La Propriété.
—	Le Droit de la guerre.
—	Les Actes de l'Etat civil.
—	Les servitudes.
Berge (Stéphane)	Des droits successor. du conjoint survivant.
—	De la recherche de la Paternité.
	Code Napoléon.
Galisset (M.)	Corpus juris civilis.
Guichard.	Conférences sur le Code civil.
Méplain	Traité du bail à portion de fruits.
Mourlon	Examen civique et pratique du commentaire de Troplong sur les privilèges. 2 v.
—	Répétitions écrites sur les examens du Code Napoléon.
	Table alphabétique des matières du Code civil des Français.
	Idem. des trois livres du Code civil.
Tripier	Les cinq Codes.

Jurisprudence. — Généralités. — Droit Ancien et Moderne

Anonymes	Les cinq Codes du Royaume.
Cadet	Dictionnaire usuel de législation.
Desmaze	Trésor judiciaire de la France. — Curiosités des anciennes justices de paix.
Doumenjon	Études sur la révision du code forestier, les reboisements en France et en Algérie.
La Ferrière	Histoire du Droit français. 6 vol.
Mazerolle et Pellat	Précis d'un cours sur l'ensemble du droit privé des Romains.
Montesquieu	De l'Esprit des lois.
Peyré	Loi des Francs contenant la loi Salique et la loi Ripuaire.
Pothier	Œuvres. 13 vol.

Jurisprudence. — Droit Ancien

Anonyme	Dictionnaire féodal.
Berge (Stéphane)	Thèse pour la licence.
Berthelot	Gothofredi manuale juris.
Bezon	Thèse pour le doctorat.
Delvincourt	Juris Romani elementa.
Durand (René)	Thèse pour la licence.
Ortolan	Instituts de Justinien. 3 vol.
Pellat	Manuale juris synopticum.
Pestel (Ludovic)	Thèse pour la licence.

Jurisprudence. — Droit Français. — Code de Procédure

Anonyme	Dictionnaire du Code de procédure civile.
Boitard	Leçons de procédure civile. 2 vol.

Jurisprudence. — Droit Français. — Code de Commerce

Block	Premiers principes de législation pratique appliquée au Commerce, à l'Industrie et à l'Agriculture.
Bravard-Veyrières	Manuel de droit commercial
Rogron	Code de Commerce expliqué par ses motifs et par des exemples.

Jurisprudence. — Droit Français. — Code pénal

Anonyme	Ordonnance de Louis XIV d'août 1670 pour les matières criminelles. R.
Berthauld (A.)	Cours de Code pénal.
Boitard	Leçons sur les Codes pénal et d'Instruction criminelle.

Jurisprudence. — Droit administratif Français

Batbie (A.)	Précis du cours du droit public et adminis.

Anonyme	Manuel alphabétique des Maires, de leurs adjoints et des commissaires de police.
Anonyme	Code universel et méthodique des nouvelles lois françaises.
Charpillet	De l'Administration des octrois municipaux.
Deloynes	Précis de droit administratif.
Doyotte (l'abbé)	Manuel du délégué cantonal et du délégué municipal.
Jourdan (Gust.)	Législation sur les logements insalubres.
La Ferrière	Cours de droit public et administratif. 2 vol.
—	Loi sur les Conseils généraux et Commissions départementales.
Pradier-Fodéré	Précis du droit administratif.

Jurisprudence. — Droit français. — Traités spéciaux.

Anonyme	Manuel du Recrutement public et supplément. 2 vol.
Berge (Stéphane)	Rapport pour la réduction des frais de justice en Tunisie.
—	De la responsabilité des souscripteurs d'actions et de leurs cessionnaires.
Cotil	Le Conciliateur en affaires.
Deverneith	Observations des Commissions consultatives sur le projet du Code rural. 4 vol.
Durand de Nancy	Nouveau guide pratique des Maires.
Fournet	Les lois rurales de la France. 2 vol.
—	Traité du voisinage. 2 vol.
Niel	Loi sur l'Armée.
Perreau	Éléments de Législation naturelle.
Perrin	Code des Constructions et de la contiguité.
Persil	Régime hypothécaire.
Rondonneau	Manuel des Propriétaires et des Marchands de boissons.
Tripier	Commentaire sur les Sociétés à responsabilité limitée.

Jurisprudence. — Droit étranger.

De Franqueville	Les Institutions politiques, judiciaires et administratives de l'Angleterre.
Laya	Droit Anglais. 2 vol.

Sciences morales et politiques

Agostini	La France et le Canada.
Anonymes	De l'emploi des soldats dans les grands travaux du Gouvernement.
—	Domestiques et Maîtres.
—	La Femme-Homme.
—	Le Dossier de la Magistrature.
—	Le vrai problème de l'époque est un problème d'éducation.
—	Ces Messieurs !

Anonymes	Affaire de la souscription Baudin.
—	La littérature et la Société.
—	Education de l'Homme par les animaux.
Aulard	Le Culte de la raison et l'Etre suprême.
Bacon	Œuvres philosophiques morales et politiques.
Bardoux	Etudes d'un autre temps.
—	La Bourgeoisie française.
Bertheau (Ch.)	L'ouvrier.
Bigot (Ch.)	Les Classes dirigeantes.
Bouillier	De la Conscience en psychologie et en morale.
Caro (E.)	L'idée de Dieu et ses nouveaux critiques.
Carreau (Ludovic)	La Conscience psychologique et morale dans l'individu et dans l'histoire.
Charavay	L'Héroïsme professionnel.
Charton (E.)	Le Tableau de Cébès.
Coffignon (A.)	L'enfant à Paris.
Courcelle-Seneuil	Précis de morale rationnelle.
Courier (P. L.)	Œuvres, 3 vol.
—	— 3 vol.
—	Chefs-d'Œuvres, 2 vol.
—	Pamphlets politiques et littéraires, 2 vol.
Deschanel	Orateurs et hommes d'Etat.
Desmarc	Les Pénalités anciennes, supplices, prisons et grâces en France.
—	Même ouvrage.
Desplantes	Héroïsme en France avant 1789.
—	Héroïsme en France après 1789.
—	Les Corsaires français.
Desplantes et Pouthiers	Les Femmes françaises.
Diderot	Paradoxe sur le comédien.
Domergue	La Révolution économique.
Drumont (Ed.)	La France Juive. 2 vol.
—	La France Juive devant l'opinion.
—	La dernière Bataille.
—	La fin du monde.
Du Camp (Max.)	La Charité privée à Paris.
—	La Croix rouge de France.
—	Le Crépuscule.
Dumas fils (Alex.)	La Question du Divorce.
—	L'Homme-Femme.
Dupin	Discours. Prix de vertu en 1845.
Favre (Mme Jules)	La Morale de Cicéron.
Fustel de Coulanges	La Cité antique.
Gasparin (A. de)	Le Bonheur.
—	Même ouvrage.
—	La liberté morale. 2 vol.
—	La Famille, ses devoirs, ses joies, ses douleurs. 2 vol.
—	L'Ennemi de la famille.
—	La Conscience.
—	Les Droits du Cœur.
—	Paroles de vérité.
—	L'Égalité.

Gasparin (A. de)	Pensées de Liberté.
—	Trois paroles de paix.
—	Sept hommes.
—	Discours politiques. 1843-1846.
—	Le bon vieux temps.
—	La France, ses fautes, ses périls, s. avenir. 2 v.
—	Du Surnaturel 2 vol.
—	Un grand Peuple qui se relève.
—	L'Amérique devant l'Europe.
—	Les Tristesses humaines.
Gheel	Ou une colonie d'aliénés vivant en famille et liberté.
Girardin (Em. de)	L'Homme et la Femme.
Grandpré (Pauline de)	La Prison de St-Lazare.
Guéronnière (A. de la)	La France, Rome et l'Italie.
Guichard (Victor)	La liberté de penser, fin du pouvoir spirituel.
Guizot	Méditations et Études morales.
Helvetius	Œuvres complètes. 14 vol.
Houssaye (Ars.)	Histoire du 41ᵉ Fauteuil.
Karl Max	Le Capital.
La Boétie	De la Servitude volontaire.
La Bruyère	Les Caractères, 2 vol.
—	Même ouvrage, 2 vol.
—	Les Caractères de Théophaste. R.
Lamartine	Le passé, le présent, l'avenir de la République.
La Rochefoucauld	Réflexions, sentences et maximes, suivies des Œuvres choisies de Vauvenargue.
—	Même ouvrage.
—	Pensées, maximes et réflexions. édition Aimé Martin.
Laromiguière	Leçons de philosophie, 2 vol.
Lavalley	Les Grands Cœurs.
Lebon	Etudes sur l'Allemagne politique.
Lescarret	Simples notions d'Economie politique.
Lescure (de)	Les Femmes philosophes.
Levallois (Jules)	Critique militante.
Machiavel	Œuvres politiques.
—	Même ouvrage.
Malou	Exposé des Ecoles socialistes françaises.
Marc-Dufraisse	Du droit de guerre et de paix de 1789 à 1815.
Menche de Loisne	France et Angleterre, étude sociale et politiq.
Mercier	De l'influence du bien-être sur la moralité des peuples modernes.
Mézières	La Société française.
Montaigne	Les Essais, avec notes par Leclerc. 2 vol.
—	Même ouvrage. 2 vol.
—	Les Essais, avec notes par Voizard.
Montesquieu	Considérations sur les causes de la grandeur des Romains et de leur décadence.
—	Même ouvrage.
—	Œuvres complètes. 3 vol.
Paulian (Louis)	Paris qui mendie.
—	La Hotte du Chiffonnier.

Pelletan (Eug.) Les Droits de l'homme.
Perrens La Démocratie en France au moyen-âge, 2 v.
Pey (Al.) L'Allemagne d'aujourd'hui.
Picot (Georges) Un devoir social et les logements d'ouvriers.
— Même ouvrage.
— Même ouvrage.
— Même ouvrage.
Puisbaraud (Louis) Les Malfaiteurs de profession.
Rothau L'Europe et l'Avènement du Second Empire.
— La France et sa politique extérieure en 1867.
Rousseau (Ed.) La République portera-t-elle un Président ?
Rousseau (J. J.) Du Contrat Social.
— Emile.
Rousseau (M. S.) De la Liberté de l'enseignement.
Saisset Essais sur la philosophie et la religion au XIXe Siècle.
Salvandy (de) Discours. Prix de Vertu en 1854.
Say (Léon) Le Socialisme d'Etat.
Scribe (P. A. A.) Question du Travail.
Simon (Jules) Dieu, Patrie et Liberté.
— Le Devoir.
Spuller (Eug.) Conférences populaires.
— Nouvelles conférences populaires.
— Au ministère de l'instruction publique.
— Education de la Démocratie.
Stoffel (Colonel) De la possibilité d'une future alliance Franco-Allemande.
Taine (Henri) De l'Intelligence. 2 vol.
Thureau-Dangin L'Église et l'État sous la Monarchie de juillet.
Vauban La Dîme royale.
Vauvenargues Œuvres choisies.
Vermesch Le Latium moderne.
Veuillot Les Odeurs de Paris.
Vigny (Alf. de) Servitude et grandeur militaire.
Waldteufel Mémoire pour la rétrocession de l'Alsace-Lorraine.

Économie politique. — Industrie. — Commerce.

Anonymes Administration des douan^{es}. Cabot^{age} en 1843.
— Annuaire statistique et commercial d'Indre-et-Loire en 1861.
— Calendrier manuel du capitaliste.
— Dénombrement de la population en France 1836. 1841. 1846. 3 broch.
Bastiat Œuvres choisies. 3 vol.
Baudrillart Les populations agricoles de la France.
Boucart Décadence de la propriété boisée.
Brin-Lavainne Le libre-échange combattu par des chiffres.
Dareste Annales des Contributions ind. & des Octrois.
Daryl La vie publique en Angleterre.
Dubois (Emile) Les produits naturels commerçables.
Dupin (Ch.) Le petit Producteur français.

Anonymes	Enquête administrative sur les traités de Commerce.
—	Enquête agricole (Cher — Indre-et-Loire — Loir-et-Cher.)
—	Enquête relative à diverses prohibitions. Fils et tissus de laine et de coton.
—	Guide manuel des capitalistes. 2 vol.
—	Organisation commerciale et le Magasinage public en France et en Angleterre.
—	Rapports sur les Caisses d'épargne en 1864.
—	Rapports sur l'administration des Finances (ans XII, 1809, 1810, 1811, 1830). 5 vol.
—	Rapports du Jury mixte international 1851.
—	Rapports sur les Sociétés de Secours mutuels (années 1858-1859. 2 vol.)
—	Réorganisation du système des Banques de France et de Savoie.
—	Situation des recettes et dépenses des communes en 1885.
Guignot	Le Paupérisme en France.
d'Harcourt	De la Protection des industries agricoles et manufacturières.
Haynau (de)	Sur la législation et le commerce des grains.
Hennequin	La Critique scientifique.
Josseau	Le Crédit Foncier de France.
Journoud	La clef de la Bourse.
Lambert (Aug.)	Système nouveau de Crédit privé.
De Lavergne	L'Agriculture et la Population en 1855 et 1856.
Lavisse Ernest	Essais sur l'Allemagne Impériale.
De l'Etang	L'Epargne ou puissance des gros sous.
L'Hopital (Chancer de)	Harangue sur le budget du XVIe siècle.
Limousin	L'Etat est-il capable d'être industriel ?
Ljunberg	La Suède : son développement moral, industriel et commercial.
Luquin (Mlle)	Le Commerce. R.
Marqfoy	La Banque de France.
Menier	L'Impôt sur le Capital.
Neymarck	La Rente Française, son origine.
—	Aperçus financiers de 1868 à 1873. 2 vol.
—	Commission extra-parlementaire du cadastre.
Payeu	Rapport du Jury de la Seine sur les produits de l'Industrie à l'Exposition de 1827.
Proudhon	Manuel du spéculateur à la Bourse.
Say (J. B.)	Cours complet d'économie politique pratique. 6 vol.
—	Même ouvrage. 6 vol.
Schmitt (Adam)	Recherches sur la nature et les causes de la richesse des nations. 4 vol.
Scribe (P. A. A.)	Question du travail.
Thiers	Discours sur le Régime commercial de la France.
—	De la Propriété.

Sciences morales et politiques. — Pédagogie.

Ancienne France L'École et la Science.
Anonymes — Bulletin de la Société pour l'Instruction élémentaire (1841).
— Compte-rendu des Travaux de la Ligue de l'Enseignement (1877).
— École des jeunes demoiselles, 2 vol.
— Les Enfants studieux.
— L'Enseignement supérieur devant le Sénat.
— Musée pédagogique, son origine.
— Les règles de la bienséance.
Chassaing Notions usuelles de droit civil pour l'Enseignement.
Claperon Cours de Comptabilité.
Caumont Lecture courante des Écoliers Français.
Cochin Manuel des fondateurs et des directeurs des premières écoles de l'enfance.
Compayré Études sur l'enseignement et l'éducation.
Coubertin L'Éducation en Angleterre.
Degrange La tenue des livres.
— Traité des Comptes en participation.
Démogeot et Montucci De l'Enseignement secondaire en Angleterre et en Écosse.
Gossin Enseignement classique agricole.
Gréard (Octave) L'Éducation des femmes par les femmes.
— Même ouvrage.
— Même ouvrage.
— Éducation et Instruction. 4 vol.
— Même ouvrage. 4 vol.
Guiraud (Paul) Lectures historiques (classe de 5e).
Langlois Lectures historiques (classe de 3e).
La Salle (de) Conduite des Écoles chrétiennes.
Laurie (André) La vie de collège en Angleterre.
— Les Mémoires d'un collégien.
— Une année de collège à Paris.
— Le Bachelier de Séville.
Le Clerc Nouvelle Rhétorique française.
Lefranc (Emile) Manuel du Baccalauréat ès lettres, 1853-1854.
Legouvé (Ernest) L'Art de la Lecture.
Leprince de Beaumont (Me) Magasin des enfants. 4 vol.
Maintenon (Me de) Extraits de ses lettres sur l'Éducation.
Maspéro Lectures historiques (classe de 6e).
Mérault Mères chrétiennes.
Migneret La Science des jeunes négociants et teneurs de livres.
De Pybrac La civilité en France.
Poucet Système monétaire universel.
De Renneville (Mme) Mythologie des demoiselles.
Robert Cours de Lecture expliquée.
Roch (Mlle) Ce que vaut une femme.
Royé Leçons d'Histoire de France et d'Histoire générale.

Saucié	Histoire de la littérature française.
Sée (Camille)	Lycées et collèges de jeunes filles.
Tarsot	Les Ecoles et les Ecoliers à travers les âges.
Tuet (l'abbé)	Le Guide des Humanistes.
Villemot	Etude sur l'organisation, etc., de l'enseignement secondaire des jeunes filles.
Vuibert	Annuaire de la jeunesse pour 1890.

Sciences. — Généralités

Anonymes	Petit Dictionnaire des Inventions.
—	Le Spectacle de la nature. 2 vol.
—	Mémoires de la Société des Sciences de Loir-et-Cher. T. IX et X.
—	Congrès d'Oran, compte-rendu de la 17e session. 2 vol.
Association française	Congrès de Clermont-Ferrand.
—	— du Hâvre.
—	— de Paris.
—	— de Montpellier.
—	— de Reims.
—	— d'Alger.
—	— de la Rochelle.
—	— de Rouen.
—	— de Blois. 2 vol.
—	— de Grenoble. 2 vol.
—	— de Nancy. 2 vol.
—	— de Toulouse. 2 vol.
—	— Oran et l'Algérie. 2 vol.
—	— de Paris (18e session). 2 vol.
—	— de Limoges (19e session). 2 vol.
—	— de Marseille (20e session). 2 vol.
Association scientifique	Bulletins hebdomadaires 5 vol.
Barbat (Ch.)	Petit dictionnaire pratique de mécanique et d'électricité.
Barral	Histoire des Sciences sous Napoléon Bonaparte.
Boulart	Les Animaux utiles au point de vue de l'Industrie et de la Médecine.
Brehm	La Terre, les Mers et les Continents.
—	Les Races humaines.
Buffon	Œuvres complètes. 28 vol.
—	Même ouvrage. 6 vol.
Bureau	La vapeur, ses principales applications.
Cazin	Les Forces physiques.
Cuvier	Rapport historique sur les progrès des Sciences naturelles depuis 1789.
Dallet	La Prévision du Temps.
Darwin	L'origine des Espèces.
Deharme	Les Merveilles de la locomotion.
Delou	Cent récits d'histoire naturelle.
Duméril	Eléments des Sciences naturelles. 2 vol.
Figuier	Les grandes inventions modernes.

Figuier	L'année scientifique et industrielle : Années 1857, 1858, 1860, 1861, 1862, 1866, 1875, 1876, 1877, 1878, 1879, 1880, 1881, 1882, 1885, 1889, 1890, 1891, 1892, 1893.
Flammarion	La fin du monde.
Flourens	De l'instinct et de l'intelligence des animaux.
Fonvielle (W. de)	Aventures aériennes.
—	Même ouvrage.
—	Les merveilles du monde invisible.
Graffigny	Les moteurs anciens et modernes.
Hospitalier	Les principales applications de l'électricité.
—	Même ouvrage.
Labesse et Pierret	Promenades en forêt.
Lacépède	Œuvres. 14 vol.
Lacombe	Les Armes et les Armures.
Levy (Albert)	Les Nouveautés de la science.
—	Même ouvrage.
Mangin	Voyage scientifique autour de ma chambre.
Marignan (Dr E.)	Carte préhistorique de la vallée basse du Vidourle.
Marry	L'Hydraulique.
Du Moncel	Le Téléphone.
De Parville	La clef de la Science.
Pizzetta	Les loisirs d'un campagnard.
Privat-Deschanel et Focillon	Dictionnaire Général des Sciences théoriques et appliquées. 2 vol.
Radau	L'Acoustique.
Raulin (Victor)	Observations pluviométriques en France de 1871 à 1880.
Rialle	Nos Ancêtres.
Soulange	Les Curieuses origines des inventions et découvertes.
Tissandier	Recettes et procédés utiles.
Tom Tit	La Science amusante. 3 vol.
Verneau	L'enfance de l'humanité.
Vogl	Les Aliments.

Sciences naturelles. — Géologie

Ficheur	Description géologique de la Kabilie et du Djurjura.
Figuier	La Terre avant le déluge.
Gaudry (Alb.)	Les Enchaînements du monde animal. Fossiles primaires.
	Idem. Fossiles secondaires
Gérald-Molloy	Géologie et Révélation.
Guillemin	Le Feu souterrain.
Hébert	Notions générales de géologie.
Jacottet	Les grands Fleuves.
Larchevêque	Essai géologique sur les couches surmontant l'argile à silex en Sologne.
Meunier (Mme)	Les Sources.
Millet	Les Merveilles des fleurs et des ruisseaux.
Reynaud (J.)	Histoire élémentaire des minéraux usuels.

Seignette	Cours élémentaire de géologie (classe de 4e·)
Simonin	Les Merveilles du monde souterrain.
Terme	Les Eaux potables distribuées.
Zurcher et Margolle	Les Glaciers.

Sciences naturelles. — Botanique.

Candolle (de)	L'origine des plantes cultivées.
Franchet	Flore de Loir-et-Cher.
La Tour (Mme de)	Le langage des fleurs.
Le Breton (Mme)	Botanique pour tous.
Mangin	Cours élémentaire de botanique.
Mangin (Arth.)	Les plantes utiles.
Martin (Emile)	Catalogue des plantes vasculaires et spontanées des environs de Romorantin.
—	Même ouvrage, 2e édition.
Milne Edwards	Cahiers d'histoire naturelle. Botanique.
Senebier	Physiologie végétale. 5 vol.
Souche (B.)	Flore du Haut-Poitou.
Rouy et Foucaud	Flore de France.

Sciences naturelles. — Zoologie.

Allent	Les animaux industrieux.
Anonyme	La Ménagerie amusante.
Bert (Paul)	Lectures sur l'histoire naturlle des animaux.
Blanchard	La vie des êtres animés.
Capus	L'œuf chez les plantes et les animaux.
Comte	Structure et physiologie de l'homme.
Frédol (Alf.)	Le Monde de la mer.
Gaudry (Alb.)	Les ancêtres de nos animaux.
Gérardin (Léon)	Les Bêtes.
—	Même ouvrage.
Gratiolet	Recherches sur l'anatomie de l'hippopotame. R.
Hœfer	Histoire de la Zoologie.
Jourdan	Les Sens chez les animaux inférieurs.
Lataste	Etude de la faune des vertébrés de Barbarie, Algérie, Tunisie et Maroc.
Le Maout	Histoire naturelle des Oiseaux.
Maindron	Les Papillons.
Michelet	L'Insecte.
—	Même ouvrage.
—	L'Oiseau.
Meunier (Victor)	Les grandes Pêches.
—	Les Animaux d'autrefois.
Milne Edwards	Zoologie.
Moll et Gayot	La connaissance générale du Cheval. 2 vol.
—	La connaissance générale du Bœuf. 2 vol.
—	La connaissance générale du Mouton. 2 vol.
Mortillet (de)	Anthropologie de la Haute-Savoie.
Perrier (Edm.)	Les Explorations sous-marines.
—	Même ouvrage.
—	Même ouvrage.
—	Même ouvrage.

Perrier (Edm.)	Les principaux types des Êtres vivants.
Pettigren	La Locomotion chez les Animaux.
Pouchet	Histoire pittoresque des Animaux.
Sauvage	La Grande Pêche.
Schneider	Les principaux types des Etres vivants (atlas).
Teyssèdre	Art d'atteler les animaux selon leurs forces.
Villeroy	Manuel de l'éleveur des bêtes à laine.
Vincelot (l'abbé)	Réhabilitation du Picvert.

Sciences naturelles. — Agriculture

Achard	Insctruction sur la culture et la récolte des betteraves.
Anonymes	Annales du Comité central agricole de la Sologne. 2 broch.
—	Concours régionaux d'Animaux, d'Instruments, etc., à Besançon. 3 vol.
—	Éphémérides de la Société d'Agriculture de l'Indre, 1832.
—	Institut des provinces de France. Séances agricoles, 1866.
—	Journal d'agriculture pratique. 9 vol.
—	Principes d'agriculture et d'économie.
—	Recueil de faits d'expériences sur la culture et les avantages du sainfoin.
Barral	Le bon Fermier.
Bélèze	Dictionnaire universel de la Vie pratique à la ville et à la campagne.
Boitel	Herbages et Prairies naturelles.
Bornot	Culture du trèfle et du sainfoin.
Cannon	Manuel du cultivateur de Pins en Sologne.
Crud	Economie de l'Agriculture.
—	Principes raisonnés d'Agriculture. 2 vol.
Daubenton	Instruction pour les bergers.
Delapalme	Dictionnaire usuel d'agriculture pratique.
Dombasles	Annales agricoles de Roville. 4 vol.
Dubarry	Le Boire et le Manger.
Ducarne de Blangy	Méthode pour recueillir les grains.
Duval	Les seuls, les vrais principes de l'Agriculture.
Gabion	Modèle d'un registre à l'usage des cultiv^{ers}.
—	Mémoires sur les rapports des propriétaires et des fermiers entre eux.
Gilbert	Traité des prairies artificielles.
Goubeau	Petit traité des engrais commerciaux.
Grandeau	Etudes agronomiques. 5 vol.
Hottou	De la culture du colza et de ses avantages.
Joigneaux	Le livre de la Ferme et des maisons de campagne. 2 vol.
Lasteyrie	Traité de l'engraissement des animaux domestiques.
De Lavergne	Economie rurale de la France depuis 1789.
Legris	La nouvelle Mécanique agricole.
Lullin	Abrégé d'Agriculture.

Marné	Catéchisme agronomique.
Maurice de Genève	Traité des Engrais.
Miroir	Traité sur la régie des terres.
Muntz et Girard	Les Engrais, 3 vol.
D'Ourches	Observations et améliorations dans les sols sablonneux.
De Pradt	Voyage agronomique en Auvergne.
Ringelmann	Les Machines agricoles.
Romme	Annuaire du Cultivateur pour l'an III.
Ronna	Les irrigations.
Saffray	La Chimie des champs.
De Serres (Oliv.)	Le Théâtre d'Agriculture ou le Mesnage des champs. 2 vol.
Sonnini	Manuel des propriétaires ruraux. 2 vol.
Thomas	Culture et exploitation des bois. 2 vol.
Thouin	Cours de culture et de naturalisation des végétaux. 3 vol. et 1 atlas.
Varenne-Feuille	Mémoire sur l'administration forestière.

Sciences naturelles. — Jardinage. — Viticulture

Anonyme	Le bon Jardinier.
—	Jardinier portatif.
Berneaud	Manuel théorique et pratique du vigneron.
Dybowski	Traité de culture potagère.
Guyot	Culture de la vigne.
Marmier	Légende des plantes et des oiseaux.
Morel	Théorie des jardins. 2 vol.
Patrigeon	Le Mildiou.
Rousselon et Vibert	Le jardinier des petits jardins.
Schabol	Eléments du jardinage.
Serigue	Maladies de la vigne.

Sciences mathématiques. — Arithmétique. — Algèbre

Anonyme	Abrégé d'Arithmétique décimale.
Barrème	Le livre des Comptes faits.
Clairaux	Eléments d'Algèbre.
Degrange	L'Arithmétique pratique.
Lamotte	Système légal des poids et mesures.
Reynaud	Traité d'Arithmétique.
Riou	Arithmétique simplifiée.

Sciences mathématiques. — Géométrie

Bellangé	Tables de conversion de toutes les anciennes mesures de Loir-et-Cher.
—	Même ouvrage.
Legendre	Eléments de Géométrie.
Longchamps	Géométrie de la règle et de l'équerre.
Parmentier (gén^{al})	Le Problème du cavalier aux échec. 2 broc. (1re et 2e parties).
Vernier	Géométrie élémentaire.

Sciences mathématiques. Physique. Chimie.

Baille	L'Électricité.
Brard	Maître Pierre. Entretiens sur la physique.
Castillon	Récréations physiques.
Deherrypon	Les Merveilles de la chimie.
Desbeau (Emile)	Physique populaire.
Driou et Fernet	Traité de physique élémentaire.
Dulos Pascal	Cours de mécanique, tome III.
Fabre	Physique.
Flammarion	Contemplations scientifiques
Grimaux (Charles)	Chimie organique élémentaire.
—	Chimie inorganique élémentaire.
Marion	Les Ballons et les Voyages aériens.
Planté	Recherches sur l'électricité.

Sciences. — Astronomie

Amigues	A travers le Ciel.
Biot	Traité élémentaire d'Astronomie.
Flammarion	Les Terres du Ciel.
—	Les Merveilles célestes.
—	L'Atmosphère.
—	Le monde avant la création de l'homme.
Fonvielle (W. de)	Histoire de la lune.
—	Même ouvrage.
Herschel	Découvertes dans la lune.
Towne	Traité d'astronomie pratique.

Sciences. — Géodésie. — Ponts et Chaussées.

Anonyme	Rapports sur l'exécution des chemins vicinaux, 1838-1840. 3 broch.
Bacle	Les Voies ferrées.
Chevalier	Histoire et description des voies de communication aux Etats-Unis. 2 v. et 1 atlas.
Dubuisson	Essais sur l'amélioration des trav. publics.
Duponchel	Percement définitif du canal de Panama.
Riou	Traité d'arpentage et art de lever les plans.
Sautereau	Considération sur le chemin de fer du Blanc à Argent.
Thiollet	L'Art de lever les plans, du lavis et du nivellement.

Sciences mathématiques appliquées. — Art militaire

Anonymes	L'Armée française en 1879.
—	L'Armée française depuis le Moyen-âge jusqu'à la Révolution.
—	Même ouvrage.
—	Topographie militaire simplifiée.
Bibesco	Belfort, Reims, Sedan.
Dislère	Les devoirs des maires en cas de mobilisation générale.

— 18 —

Dussiaux	L'Armée en France. 3 vol.
Gaffarel	Les Frontières françaises et leur défense.
Guérard	La Marine française.
Hennebert	Frontières de France.
Koettschau	Les forces respectives de la France et de l'Allemagne.
De Lyden	Nos 144 régiments de ligne.
La Roncière le Noury	La Marine au siège de Paris.
Molard	Puissance militaire des États de l'Europe.
Petit	Les Sièges célèbres.
—	La mer et la marine.
Thoumas	Les Capitulations.
De Saint-Venant	La Vieille Sologne militaire et ses fortifications.

Sciences médicales.

Anonyme	Rapports sur les vaccinations en France en 1829 et 1849. 3 broch.
—	Manuel de l'Infirmière hospitalière.
Amussat	Mémoire sur la Galvanocaustique thermique. R.
Barthélémy	Le Médecin des Enfants.
Bouasse-Lebel	Carte de Phrénologie.
Bouley	Rapport sur la rage.
Bourru et Burot	La Suggestion mentale.
Burdel	Études générales sur les eaux potables en Sologne.
—	Recherches sur les fièvres paludéennes.
Charpignon	Conseils d'hygiène.
Clerc	Hygiène et médecine des deux sexes. 2 vol. R.
Debay	Hygiène des cheveux et de la barbe.
Dubouchet	Maladies des voies urinaires.
Galès	Mémoires, rapports et observations sur les fumigations.
Gasparin (de)	Les Tables tournantes.
La Grange	Hygiène de l'exercice.
La Tourette (de)	L'Hypnotisme et les états analogues.
Lefebvre	Les aliments.
—	Même ouvrage.
Macé	Histoire d'une bouchée de pain.
—	Les Serviteurs de l'estomac.
Mathioli	Commentaires sur le Dioscoride. R.
Maurel (d^r)	Recherches microscopiques sur l'étiologie du paludisme.
Maury	Le Sommeil et les Rêves.
Menecier	Notice sur la Rage.
Dr *Mesnet*	Le Somnambulisme provoqué et la fascination. R.
Monin	La Propreté de l'individu et de la maison.
—	La Santé par l'exercice.
—	Les propos du Docteur.
Orfila	Secours à donner personnes asphyxiées ou empoisonnées.

Patissier	Rapports sur les établissements thermaux.
Raspail	Manuel annuaire de la Santé.
Rochard	Traité d'hygiène sociale.
—	Questions d'hygiène sociale.
Tissié	Les rêves, physiologie et pathologie.

Sciences médicales. — Art vétérinaire.

Chabert, Flandrin et Huzard	Instructions et observations sur les maladies des animaux domestiques. 6 vol.
De Garsault	L'anatomie du cheval.
Delafond	Traité de la maladie du sang des bêtes à laine.
—	Même ouvrage.
—	Même ouvrage.
—	Traité de la maladie du sang des bêtes bovines.
Sanson	Notions usuelles de médecine vétérinaire.
White (John)	Abrégé de l'art vétérinaire.

Sport. — Chasse. — Escrime. — Danse. — Vélocipédie.

Anonyme	Le Moniteur de la Gymnastique.
—	Le Vélocipède illustré.
Blaze	Le Chasseur au chien d'arrêt.
Baucher	Méthode d'équitation.
Bertrand	La Chasse et les chasseurs.
Bonnel	Traité de l'Art des armes.
C. (Jules de)	Chasses et voyages.
Gawlikowski	Guide complet de la danse.
D'Houdetot	La Petite Vénerie.
—	Braconnage et contre-braconnage.
Leclerc	Chasseurs et braconniers.
Magné de Marolle	La Chasse au fusil.
Mottin de la Balme	Essais sur l'équitation.
Neuville (de la)	La Chasse au chien d'arrêt.
Pellier (fils)	L'Équitation pratique.
Petit	Du tir du gibier.
Pharaon	Le fusil sur l'épaule.
Prévost	Manuel de la boxe française.
René et Liersel	Traité de la chasse.
Silva	Sur le patin.
Du Verger de St-Thomas	Nouveau code du duel.

Sciences et Arts. — Beaux-Arts.

Anonyme	Annuaire des Sociétés des Beaux-Arts des départements (année 1892).
Adeline	Lexique des termes d'Art.
Aligny	Vues des sites les plus célèbres de la Grèce antique. 5 livraisons.
Ancienne France	Le Livre et les Arts qui s'y rattachent.
—	Même ouvrage.
—	L'industrie et l'art décoratif.

— 20 —

Ancienne France	Le Théâtre, la Musique et la Danse.
—	Peintres et graveurs.
—	Les grands peintres de l'Allemagne.
—	Les grands Peintres de l'Espagne et de l'Angleterre et sommaire de la peinture Japonaise.
Androuet du Cerceau	Vingt cheminées et quarante meubles (héliogravures.)
Bichet	L'art et le bien-être chez soi.
Blanc (Charles)	Grammaire des Arts du dessin.
—	Les Artistes de mon temps.
—	La sculpture.
—	Le Trésor de la curiosité (2 vol.)
Bayet	L'Art byzantin.
—	Même ouvrage.
—	Précis de l'Histoire de l'Art.
Berlioz	Les Soirées de l'Orchestre.
Bouchet	Le livre.
De Champeaux	Le Meuble.
—	Même ouvrage.
—	Même ouvrage.
Castel	Les Tapissiers.
Cherbuliez	L'art et la nature.
Chesneau	La Peinture anglaise.
Collignon	Mythologie figurée de la Grèce.
—	Manuel d'Archéologie grecque.
Deck	La Faïence.
—	Même ouvrage.
Descubes	L'Art et les Artistes.
Dillmont	Encyclopédie des ouvrages de dames.
Dumas (F. G.)	Catalogue illustré des Salons, 1881, 1882, 1883. 4 vol.
Duplessis	Les Merveilles de la Gravure.
Duval	Précis d'Anatomie à l'usage des artistes.
—	L'Anatomie artistique.
Ernouf	Compositeurs célèbres.
Fontenay	Les Bijoux anciens et modernes.
Girard	Les Peintures sacrées sur la Bible.
Gonse	L'Art Japonais.
—	Même ouvrage.
—	Même ouvrage.
Gerspach	La Mosaïque.
—	Même ouvrage.
—	L'Art de la Verrerie.
—	Même ouvrage.
Goupil	Traité des peintures vitrifiables sur porcelaine dure ou tendre.
Havard (Henri)	La Peinture hollandaise.
De La Borde	La Gravure.
—	Même ouvrage.
Lafenestre	La Peinture italienne.
Lavoix	Histoire de la musique.

Lavoix	Même ouvrage.
Leclerq	Histoire d'une Statue.
Lecoy de la Marche	Les Manuscrits et la Miniature.
—	Même ouvrage.
Lenormand	Monnaies et Médailles.
Lostalot	Les Procédés de la gravure.
Mayeux	La Composition décorative.
Ménard	La décoration en Egypte.
—	La décoration en Grèce.
—	Les Emblèmes et Attributs des Grecs et des Romains.
—	Les Villes du Vésuve.
—	La Décoration au XVIe siècle, au XVIIe et au XVIIIe siècles. 4 broch.
—	L'Orfévrerie.
Muntz	La Tapisserie.
Paléologue	L'Art chinois.
Paris	La Sculpture antique.
Plon	Thorwaldsen, sa vie et son œuvre.
Ris-Paquet	Dictionnaire des marques et monogrammes.
Robert (Karl)	Le Fusain sur faïence.
Rondelle	Album de l'Ameublement.
Savigny	Résumé de l'histoire du Costume en France.
Du Sommerard	Catalogue des Objets d'art du musée de Cluny.
Tissandier	Les Merveilles de la photographie.
Topffer	Réflexions et menus propos d'un peintre genevois.
Tonbeau de Maisonneuve	Les Anciennes Corporations à Bourges.
Vachon	Rapport sur les Musées et Ecoles d'art ind[el].
Viardot	Les Merveilles de la peinture. 2 vol.
Watin	L'Art du Peintre doreur-vernisseur et du Fabricant de couleurs.
Wauters	La Peinture flamande.
—	Même ouvrage.

Sciences et Arts. — Architecture.

Anonyme	Architecture moderne ou l'Art de bien bâtir.
Bouillon	De la Construction des maisons d'école primaire.
Corroyer	L'Architecture romane.
Laloux	L'Architecture grecque.
Menjot d'Elbenne	Constructions rurales.
Porcher et Fontaine	Recueil de décorations intérieures.
Ramée	L'Architecture.
Saglio	Maisons d'hommes célèbres.
Viollet-le-Duc	Comment on construit une maison.

Sciences et Arts. — Art héraldique

Dutilleul	Notes et recherches pour servir à l'histoire héraldique de la Picardie.

Sciences et Arts. — Industrie.

Deutsch	Le Pétrole et ses applications.
Drohojowska	Les grandes industries.
—	La Soie.
Figuier	L'Art de l'éclairage.
Guillemin	Les Machines à vapeur et à gaz.
Laruelle	Les Chaudières à vapeur, leur installation et leur conduite.
Lefébure	Broderies et dentelles.
Lefebvre	Un morceau de sucre.
Lezé	Les industries du lait.
Pariset	Histoire de la Soie, 2 vol.
Trogneux	Modes de transport par mer.
Witz	Traité théorique et pratique des moteurs à gaz.

Sciences et Arts. — Arts et Métiers

Ancienne France	Les Arts et Métiers au moyen-âge.
Anonymes	Association rurale de lavoir à laines.
—	Bulletins de la Société d'amélioration des laines.
—	Le Teinturier parfait.
D'Arcet	Collection de mémoires, notices, etc., sur la gélatine.
Delou	Histoire d'un livre.
Dubief	L'Art d'extraire la fécule de la pomme de terre.
Havard	Les Arts de l'Ameublement. La Décoration.
—	Idem. La Menuiserie.
—	Idem. L'Orfévrerie.
—	Idem. La Serrurerie.
—	Idem. La Verrerie.
—	Idem. La Tapisserie.
—	Idem. La Céramique. 2 vol.
—	Idem. L'Horlogerie.
Le Gavriau	Nouveau mode de couverture rurale dite Ignifuge.
Lefebvre	Histoire d'une bouteille.
—	Histoire d'une assiette.
Monteil	Histoire de l'Industrie française et des gens de métiers. 2 vol.
Rigaud	Le Guide du boulanger.

Belles-Lettres. — Linguistique

Adler-Mesnard	Dictionnaire français-allemand et allemand-français.
—	Eléments de grammaire allemande.
—	Versions et Thèmes écrits et parlés. 2 vol.
—	Dialogues classiques français-allemand.
—	Morceaux choisis des classiques allemands.
Anonymes	Dialogues familiers français-allemand.
—	Dictionnaire de l'Académie française. 2 vol.

Anonymes	Dictionnaire universel de Trévoux. R.
—	Dictionarium universale latino-gallicum.
—	Même ouvrage.
Bataille	Grammaire pratique de la langue française.
Berge	Le langage de la Sologne.
Boiste	Dictionnaire universel.
Corona-Bustamente	Manuel de conversation français & espagnol.
Da Costa	Grammaire française. 2 vol.
Darbois	Dictionnaire des Dictionnaires.
Elwall	Dictionnaire anglais-français et français-angl.
Gail	Grammaire grecque.
Gattel	Dictionnaire universel de la langue française. 2 vol.
Girault-Duvivier	Grammaire des Grammaires. 2 vol.
Gottsched	Grammaire allemande.
De Guignes fils	Dictionnaire chinois-français-latin. R.
Larousse	Grand Dictionnaire universel du XIXe siècle. 15 vol. R.
Le Piestre	Dictionnaire des synonymes. 12 vol.
Le Tellier de Nesle	De la découverte et des étymologies de la langue française.
Littré	Dictionnaire de la langue française. 5 vol. R.
Littré et Beaujean	Dictionnaire de la langue française.
Lhomond	Grammaire française.
Martin	Nouveau Dictionnaire de la langue française.
Martinelli	Nouveau Dictionnaire français-italien.
Noël	Dictionnaire français-latin et latin-français. 2 vol.
—	Gradus ad Parnassum.
—	Même ouvrage.
Noël et Chapsal	Grammaire française.
Paret et Legouez	Choix gradué de Versions latines.
Planche	Dictionnaire français-grec et grec-français. 2 vol.
Richelet	Dictionnaire de la langue française. 3 v. R.
Rozan (Ch.)	Petites ignorances de la conversation.
—	A travers les mots.
De Suckau	Dictionnaire allemand-français et français-allemand.
Vahl	L'Allemand tel qu'on le parle.
De Vailly	Nouveau vocabulaire français. R.
Veneroni	Dictionnaire italien et français.
—	Maître italien ou Grammaire française et italienne.

Belles-Lettres. — Orateurs

Aulard	Les orateurs de l'Assemblée constituante.
Bossuet & Fléchier	Oraisons funèbres.
Egger	Latini sermonis vetustioris reliquiæ selectæ.
Mignet	Eloges historiques.

Belles-Lettres. — Poésie. — Poëtes latins

Juvénal	Satires.

— 24 —

Juvénal	Satires.
—	Satires traduites en vers français.
—	Satyræ.
Phèdre	Fables anciennes et nouvelles traduites en vers français.

Belles-Lettres. — Poésies. — Poètes français

Anonymes	Chanson de Roland.
—	Essais poétiques.
—	Le Jardin de l'enfance.
—	Lettres d'Abeilard et d'Héloïse traduites en vers.
—	Anthologie des poètes français depuis le XVe siècle.
—	Même ouvrage.
—	Anthologie des poètes français au XIXe siècle. 4 volumes.
Banville (Th. de)	Odes funambulesques.
Baour de Lormian	Veillées poétiques.
Barbier	Iambes et Poèmes.
Baudelaire	Les Fleurs du mal.
Béranger	Chansons et Supplément. 3 vol.
—	Chansons nouvelles et dernières.
—	Dernières chansons de 1834 à 1850.
Bertin	Œuvres. 2 vol.
Boileau	Œuvres poétiques. 2 vol.
—	Œuvres.
—	Œuvres poétiques.
Cahen	Morceaux choisis des poètes français.
Campenon	La Maison des Champs.
Chénier (André)	Poésies.
—	Œuvres poétiques.
Coppée	Œuvres. 4 vol.
Daras	Chan-Heurlin (patois messin).
Desbordes-Valmore (Me)	Poésies.
Deshoulières (Me)	Poésies. 2 vol.
Dierx (Léon)	Poésies complètes. 2 vol.
Ducis	Œuvres. 6 vol.
Fabié (François)	Voix rustiques.
Gaugiran	Choses creuses.
Gilbert	Poésies.
Grandmoujin	A pleines voiles.
Gresset	Œuvres.
—	Œuvres choisies.
—	Œuvres.
Heredia (José-Maria de)	Les Trophées.
Hugo (Victor)	Odes et ballades.
—	Même ouvrage. 2 vol.
—	Les Quatre-Vents de l'Esprit.
—	Les Orientales.
—	Les Feuilles d'Automne.
—	Les Rayons et les Ombres.

Hugo (Victor)	La Légende des Siècles.
—	Châtiments.
—	Le Retour de l'Empereur.
—	Littérature et Philosophie mêlées. 2 vol.
—	Raconté par un témoin de sa vie.
—	L'Œuvre de
—	Même ouvrage.
Lacaussade (Auguste)	Poèmes et paysages.
Lamartine	L'Œuvre de.
—	Même ouvrage.
—	Harmonies.
De Laprade	Le Livre d'un père.
Leconte de Lisle	Poèmes tragiques.
—	Poèmes antiques.
—	Poèmes barbares.
Lemoyne	Poésies. 2 vol.
—	Poésies. 3 vol.
Malherbe	Œuvres poétiques.
—	Poésies.
Marotte	Loisirs poétiques.
Manuel	Pages intimes.
—	Poésies du Foyer et de l'École.
Martin	Fleurs terrestres.
Melvil (Francis)	Poèmes héroïques.
Millevoye	Poésies.
Moreau	Le Myosotis. 2 vol.
Musset	Œuvres complètes.
—	Poésies.
—	Poésies nouvelles.
—	L'Œuvre de
—	Même ouvrage.
Nibor (Yann)	Nos matelots.
Normand (Jacques)	Les Moineaux francs.
—	A tire d'aile.
—	La Muse qui trotte.
Parny	La Guerre des Dieux.
Richepin	La Chanson des gueux. R.
Riquier	Souvenons-nous !
Ronsard	Œuvres choisies.
Roucher	Les Mois.
Sully Prudhomme	Œuvres. 5 vol.
Turbé	Recueil de poésies calvinistes.
Theuriet	Poésies.
Truffier	Dimanches et Fêtes.
De Vigny	Poésies.
Villon	Œuvres complètes.

Belles-Lettres. — Poésies. — Poètes étrangers

Arioste	Roland furieux. 2 vol.
Byron (lord)	Œuvres complètes. 4 vol.
—	Même ouvrage. 4 vol.
Le Dante	La Divine Comédie.
—	Même ouvrage.

Gessner	La mort d'Abel.
Ossian	Poèmes gaëliques.
de Polignac	L'Anti-Lucrèce.
Sarrazin	Poètes modernes de l'Angleterre.
Torquato Tasso	La Jérusalem délivrée.
—	La Jérusalemme liberata.
Trouvères belges	Du 12ᵉ au 14ᵉ siècle.

Belles-Lettres. — Art dramatique français

	Chefs d'œuvre du Théâtre moderne.
Anonyme	Les deux Précepteurs.
Augier	Théâtre complet. 7 vol.
—	Même ouvrage. 7 vol.
Beaumarchais	Théâtre.
—	Le Barbier de Séville.
—	Idem.
—	Le Mariage de Figaro.
De Bornier	La fille de Roland.
Colin d'Harleville	Le Vieux Célibataire.
Corneille (Pierre)	Théâtre. 5 vol.
—	Même ouvrage. 5 vol.
—	Théâtre choisi.
—	Chefs-d'œuvres. 2 vol.
—	Théâtre.
Delavigne (Casimir)	La Popularité.
Dumas (fils)	Théâtre. 6 vol.
Duval	Œuvres complètes. 9 vol.
Flesselle	Petit Théâtre de famille.
Gondinet	Théâtre complet. 4 vol.
Grangé et Deslandes	Les Domestiques.
Hugo (Victor)	Théâtre. 4 vol.
—	Hernani.
—	Les Burgraves.
—	Cromwel. 2 vol.
—	Marion Delorme.
—	Le Roi s'amuse.
—	Lucrèce Borgia.
—	Marie Tudor.
—	Angelo.
—	Ruy Blas.
Jauffret	Les Veillées du Pensionnat.
Labiche	Théâtre complet. 10 vol.
—	Même ouvrage. 10 vol.
Lacroix (Paul)	Recueil de farces, soties et moralités du XVᵉ siècle.
Larcher	Pantomimes de Paul Legrand.
Larroumet	La Comédie de Molière, l'auteur et le milieu.
Lesage	Turcaret.
Magnin	Histoire des Marionnettes en Europe.
Marivaux	Théâtre choisi.
—	Même ouvrage.
—	Œuvres choisies. 2 vol.

Meilhac et Halévy	Froufrou.
Mézières	Prédécesseurs et Contemporains de Shakespeare.
Molière	Théâtre complet. 8 vol.
—	Chefs d'œuvre.
—	Théâtre choisi.
—	Œuvres complètes.
—	Œuvres. 2 vol.
—	Théâtre.
Pailleron	Le Monde où l'on s'ennuie.
Picard	Théâtre. 2 vol.
Racine	Théâtre. 3 vol.
—	Œuvres poétiques. 2 vol.
—	Andromaque et les Plaideurs.
—	Chefs-d'œuvre. 2 vol.
—	Théâtre complet.
—	Théâtre.
Regnard	Théâtre.
Regnier	Œuvres complètes.
Régnier (P.)	Souvenirs et études de théâtre.
De St-Georges	L'Ombre.
Sardou	Les Ganaches.
—	Nos Intimes.
—	La famille Benoiton.
—	Daniel Rochat.
—	Rabagas.
Scribe et Mélesville	Le Menteur véridique.
Scribe	Analyse de l'Opéra des Huguenots.
Scribe (P. A. A.)	Jeanne d'Arc.
—	Même ouvrage.
—	Le Lépreux.
—	Même ouvrage.
Ternet	Le Martyre de Sainte-Reine d'Alise.
Thiboust	Relation de l'ordre de la triomphante et magnifique Monstre des Mystères des actes des Apôtres.
Voltaire	Théâtre.
—	Théâtre choisi.

Belles-lettres. — Art dramatique étranger

Duplessis	Traduction en vers français de Tragédies italiennes. 5 vol.
Euripide	Tragédies. 4 vol.
Goëthe	Les années d'apprentissage de Wilhem Meister.
—	Œuvres. 8 vol.
Mézières	Prédécesseurs et Contemporains de Shakespeare.
—	Goëthe.
—	Pétrarque.
Shakespeare	Œuvres. 6 vol.
—	Œuvres. 7 vol.

Belles-lettres. — Fables et Contes

De Banville	Contes féériques.
Boufflers	Contes.
Delair	Les Contes d'à-présent.
Jacquier	Recueil de Fables.
Lachambeaudie	Fables.
La Fontaine	Fables choisies.
—	Fables.
—	Fables.
—	Les Fables annotées par Buffon.
—	Même ouvrage.
—	Fables.

Belles-Lettres. — Facéties

Anonyme	L'Élève de Minerve ou Télémaque travesti en vers. 2 vol.
—	Les Goguettes du bon vieux temps.
Bougy	Un million de rimes gauloises.
Coquelin (cadet)	Le livre des convalescents.
Cyrano de Bergerac	Œuvres comiques. 2 vol.
Erasme	L'éloge de la Folie.

Belles-Lettres. — Romans Français

Anonymes	Edouard et Emma.
—	Maria.
—	Antonio.
—	La Famille Sismond.
—	Jean et Marie.
—	Lydia.
—	Thomas Koet.
—	Dix nouvelles.
—	Délassements des jeunes enfants.
—	Emilie.
—	Le Chevalier noir.
—	La Neuvaine de Colette.
—	L'Apostat.
—	Romans illustrés.
About (Edmond)	Trente et Quarante.
—	Les Mariages de Paris.
—	Les Mariages de Province.
—	Germaine.
—	Le Roi des montagnes.
—	Le Roman d'un brave homme.
—	L'Homme à l'oreille cassée.
—	Même ouvrage.
—	Le Nez d'un Notaire.
—	Tolla.
Achard (Amédée)	Noir et Blanc.
—	Belle-Rose.

Achard (Amédée)	Le Clos Pommier.
—	La Cape et l'Epée.
—	La Toison d'Or.
—	Les petits-fils de Lovelace.
—	Marcelle.
Aicard (Jean)	Fleurs d'abime.
Aigremont (d')	Pauvre petiote.
Aimard (Gustave)	Les Bois brûlés. 3 vol
—	Les Chasseurs d'abeilles.
—	Les Trappeurs de l'Arkamas (4 parties.)
—	Les rois de l'Océan (8 parties.)
—	Balle franche.
Aimard et d'Auriac	Les Terres d'or.
Arène (Paul)	Le Canot des six Capitaines.
Assolant	Aventures du Capitaine Corcoran. 2 vol.
—	Montluc-le-Rouge. 2 vol.
Badère (M.)	La vengeance d'une jeune fille.
Balley (Berthe)	Histoire d'une chemise.
De Balzac	Œuvres. 8 vol.
—	Honorine.
—	César Birotteau.
—	Ursule Mirouet.
—	Les Célibataires. 2 vol.
—	Le Cousin Pons.
—	Une ténébreuse affaire.
—	Le Curé de Village.
—	Scènes de la Vie de province. Les rivalités.
—	Idem. Eugénie Grandet.
—	Scènes de la Vie parisienne. Les parents pauvres.
—	Splendeurs et misères des Courtisanes.
—	Scènes de la Vie privée. La maison du chat qui pelote.
—	Scènes de la Vie de campagne. Le Médecin de campagne.
—	Les Paysans.
—	Etudes philosophiques. La Peau de Chagrin.
Barbey d'Aurevilly	Une vieille Maîtresse.
Barracand	La belle madame Lenain.
Bazin	Une tache d'Encre.
—	Ma tante Giron.
—	Les Noellet.
Beauvoir (Roger de)	Le Moulin d'Heilly.
Belot	La Femme de Feu. R.
—	Dacolard et Lubin.
—	Le Parricide.
—	Le Secret terrible.
—	Mademoiselle Girault, ma femme R.
Berger	Julia
Bernard (Charles de)	Gerfaut.
—	Le Gentilhomme campagnard. 2 vol.
Berquin	L'ami des Enfants.
Berr de Turique	Les Demoiselles.

Berthet (Elie)	Les Houilleurs de Polignies.
—	Le Val d'Andorre.
—	Le Mûrier blanc.
Bertrand	Au fond de mon carnier.
—	Tonton, Tontaine, Tonton.
Biart (Lucien)	Entre Frères et Sœurs.
—	Monsieur Pinson.
—	Grand-père Maxime.
Blanchard	Les accidents de l'enfance.
Blandy	Pierre de Touche.
—	Benjamine.
Boisgobey (de)	Le Camélia rouge.
Boissonnas	Une Famille pendant la guerre 1870-71.
Bonhomme (Pascal)	Deux mariages.
Bonnefoy	Tout pour la France !
Bonnetain	Marsouins et Mathurins. R.
Bourde (Paul)	La fin du vieux temps.
Bourget	Cruelle énigme.
—	Mensonges.
—	Terre promise.
—	Cosmopolis.
Boussenard	Dix mille ans dans un bloc de glace.
—	Les Robinsons de la Guyane.
—	Colette.
Bouvier	Le Mariage d'un Forçat.
Brantôme	Vie des Dames galantes. R.
Bréhat (A. de)	Un Drame à Calcutta.
Brète (Jean de la)	Mon oncle et mon curé.
—	Le Comte de Palène.
Carette (Mme)	Passion.
Carpentier (Mme)	Sauvons-le !
Cauvain (Henri)	Le grand Vaincu.
—	Un cas de folie.
Case (Robert)	L'Elève Gendrevin. R.
Cazin (Mme)	Un Drame dans la montagne.
Célières (Paul)	Une Exilée.
—	Contez-nous cela !
—	Une heure à lire.
Chabrillat	Les cinq sous de Lavarède.
Champfleury	Le violon de faïence.
—	Monsieur de Bois d'hyver.
Chateaubriant	Atala.
—	Même ouvrage.
Chavette (Eug^{ne})	Le Rémouleur. 2 vol.
—	La belle Alliette.
Chazel (Prosper)	Histoire d'un Forestier.
Cherbuliez	L'Idée de Jean Téterol.
—	Le comte Kostia.
—	La Bête.
De Cherville	Muguette.
—	Les Aventures d'un chien de chasse.
Claretie (Jules)	Noris.
—	Le Prince Zilah.

Claretie (Jules)	La Mansarde.
—	Jean Mornas.
Colomb (Mme)	La fille de Carilès.
—	Sabine.
—	Mon oncle d'Amérique
—	Chimères.
Conscience (Henri)	Une erreur judiciaire.
Constant (Benjamin)	Adolphe.
Craven (Mme)	Récit d'une Sœur. 2 vol.
Daudet (Alph.)	Contes du lundi.
—	Lettres de mon moulin.
—	Même ouvrage.
—	Le Petit Chose.
—	Même ouvrage.
—	Tartarin de Tarascon.
—	Tartarin sur les Alpes.
—	La Belle Nivernaise.
—	Fromont jeune et Risler aîné.
—	Rose et Ninette.
—	Le Nabab.
—	Numa Roumestan.
—	Sapho.
—	Les Rois en exil.
—	L'Immortel. R.
Daudet (Ernest)	Robert Darnetal.
—	Jourdan Coupe-Tête (2 ex.)
—	Le crime de Jean Malory (2 ex.)
—	L'aventure de Jeanne.
—	Fils d'émigré.
—	Fleur de péché. R.
Daudet (Léon)	Les Morticoles. R.
—	Les Kamtchatka. R.
Delpit (Albert)	Le Père de Martial.
—	Comme dans la Vie.
—	La Marquise.
—	Belle madame.
—	Le Mystère du Bas-Meudon.
—	Un monde qui s'en va.
Delvau (A.)	Les amours buissonnières.
Delvaux	Collection de romans de chevalerie. 4 v. R.
Desbeaux	Le Jardin de Melle Jeanne.
—	Même ouvrage.
Deslys (Charles)	Le capitaine Minuit.
—	La fille à Jacques.
—	L'Abîme.
—	Les Buttes-Chaumont. (2 ex.)
Desnoyers (Louis)	Aventures de Robert-Robert.
Dhormoys (Paul)	Souvenirs d'un vieux chasseur.
—	Sous les Tropiques.
Diderot	Le Neveu de Rameau.
Diguet	Moi et l'Autre.
Droz (Gustave)	Tristesse et Sourires.
—	Autour d'une Source.

Droz (Gustave)	Monsieur, Madame et Bébé.
—	L'Enfant.
—	Même ouvrage.
Drumont (Ed.)	Le dernier des Trémolin.
Dubut de Laforest	Morphine. R.
Du Camp (Max.)	Mémoires d'un Suicidé.
Dumas (Alexandre)	Les Mohicans de Paris. 4 vol.
—	Salvator. 5 vol.
—	Cécile.
—	Même ouvrage.
—	La Bouillie de la Comt^{se} Berthe.
—	La Dame de Monsoreau.
—	Les Quarante-Cinq.
—	Les trois Mousquetaires et Vingt ans après.
—	Les Trois Mousquetaires. 2 vol.
—	Conscience l'Innocent. 2 vol.
—	Le Capitaine Pamphile.
—	La Tulipe Noire.
—	La Comtesse de Charny. 2 vol.
—	Monte-Christo. 6 vol.
—	Le vicomte de Bragelonne. 6 vol.
—	Joseph Balsamo. 5 vol.
—	Le Collier de la Reine. 3 vol.
—	Ange Pitou. 2 vol.
—	Le Chevalier de Maison-Rouge. 2 vol.
—	Le Chevalier d'Harmental. 2 vol.
—	La reine Margot. 2 vol.
—	Vingt ans après. 2 vol.
—	Les Quarante-cinq. 3 vol.
—	La Dame de Monsoreau. 3 vol.
Dumas (Alexandre fils)	Le régent Mustel. 3 vol.
Duruy (Georges)	L'Unisson.
—	Le Garde du Corps.
Duval (G.)	Le Tonnelier.
Dys (Paul)	Grand terroir.
Enault (Etienne)	Danielle.
Enault (Louis)	Valnège.
—	Nadège.
—	Le Chien du Capitaine.
Erckmann-Chatrian	Romans nationaux. 2 vol.
—	Histoire d'un Paysan. (1789).
—	Même ouvrage.
—	Histoire d'un Paysan. (1792).
—	Histoire d'un Paysan. (1793).
—	Histoire d'un Paysan. (1794-1815.)
—	Histoire d'un Conscrit de 1813
—	L'Ami Fritz.
Esparbès (Georges d')	La légende de l'aigle.
Essart (G. des)	Le livre des vacances.
Etincelle	L'irrésistible.
Exauviller (d')	Pierre Desbordes.
Fabre (Ferdinand)	Les Courbezon.
—	Mon oncle Célestin.

Fabre (Ferdinand)	L'abbé Roitelet.
—	Le Roi Ramire.
—	Julien Savignac.
—	L'abbé Tigrane.
—	Le Chevrier.
—	Xavière.
—	Un illuminé.
Faugère (Mlle E.)	Nahouma.
Fénelon	Les aventures de Télémaque.
—	Même ouvrage.
Ferry (Gabriel)	Le Coureur des bois. 2 vol.
—	Les Aventures d'un Français au pays des Caciques.
—	Les Exploits de Martin Robert.
Feuillet (Octave)	Le Roman d'un jeune homme pauvre.
—	Julia de Trécœur.
—	Monsieur de Camors.
—	Un Mariage dans le Monde.
—	Le Journal d'une Femme.
—	Histoire de Sybille.
—	Histoire d'une Parisienne.
—	La petite Comtesse
Féval (Paul)	Le Paradis des Femmes, relié avec les Contes d'Hoffmann.
Ficy (Pierre)	La Tâche de Sœurette.
—	Rolande Marney.
Figuier (Mme Louis)	Le Gardian de la Camargue.
Flaubert	Madame Bovary. R.
—	Même ouvrage. R.
—	Salammbô.
—	Bouvard et Pécuchet.
Fleuriot (Me Zénaïde)	Grandcœur.
—	Eve.
—	Tombée du Nid.
—	Cadok.
—	L'héritier de Kerquignon. (Suite de Cadok.)
—	Alix. 2 vol.
—	Petite belle.
—	La vie en famille.
—	Réséda.
—	Une histoire intime.
Florian	Gonzalve de Cordoue. 2 vol.
Foudras (de)	Les Gentilshommes chasseurs.
France (Anatole)	Le livre de mon ami.
—	Balthazar.
—	Le Crime de Sylvestre Bonnard.
—	La rôtisserie de la reine Pédauque.
—	Les opinions de M. Jérôme Coignard.
—	Le Lys rouge.
Garneray (Louis)	Voyages, Aventures et Combats. 2 vol,
—	Mes Pontons.
Gasparin (A. de)	Vesper.
Gauthier (Théophile)	Le capitaine Fracasse. 2 vol.

Gautier (Théophile)	Mademoiselle de Maupin. R.
—	Avatar.
—	Jettatura.
Gebhard (Emile)	Autour d'une tiare.
Girardin (Mme Em. de)	Monsieur le marquis de Pontanges.
Girardin (Jules)	Récits et Menus propos.
—	Même ouvrage.
—	Bonnes bêtes et Bonnes gens.
—	Les épreuves d'Etienne.
—	Le Roman d'un Cancre.
—	Grand-père.
—	Tom Brown.
Goncourt (de)	Renée Mauperin.
Gozlan (Léon)	Le capitaine Maubert.
Gréville (Henri)	A Travers Champs.
—	Même ouvrage.
—	Le Vœu de Nadia.
—	Dosia.
—	Sonia.
—	L'héritage de Xénie.
—	Les épreuves de Raïssa.
—	Le Moulin Frappier. 2 vol.
—	La seconde Mère.
—	Même ouvrage.
—	Lucie Rodey.
—	Aurette.
—	La Niania.
—	Un vieux ménage.
Guillemot (Gabriel)	Maman Chautard.
Gyp	Tante Joujou.
—	Le Mariage de Chiffon.
Hailly (Gaston d')	Le prix d'un sourire.
Halévy (Ludovic)	L'Abbé Constantin.
—	Même ouvrage.
—	L'Invasion.
—	Même ouvrage.
—	Un Mariage d'Amour.
—	Karikari.
Hervieu (Paul)	L'Armature.
Hoffmann	Contes fantastiques. relié avec le Paradis des Femmes de Paul Féval.
Houssaye (Arsène)	Les aventures galantes de Margot. R.
—	Julia.
—	Lucia.
Hugo (Victor)	Notre-Dame de Paris. 2 vol.
—	Même ouvrage.
—	Les Misérables. 2 vol.
—	Même ouvrage 10 vol.
—	Les Travailleurs de la mer. 3 v.
—	Han d'Islande. 2 vol.
Jacolliot	Vengeance de Forçats.
—	Le Crime du moulin d'Usor.
Jarry	Historiettes pour Pierre et Paul.

Karr (Aphonse)	En fumant.
Laboulaye	Contes Bleus.
—	Le Prince Caniche.
Labruyère (Georges de)	Chantereine.
La Fayette (M^e de)	La Princesse de Clèves.
—	Henriette d'Angleterre.
Lagrillière-Beauclerc	Les Contes de France.
Lamartine	Raphaël.
—	Histoire d'une servante.
—	Même ouvrage.
Lano (Pierre de)	Un drame aux Tuileries sous le sec^d empire.
Launay (de)	Père Inconnu.
Laurie	Le Capitaine Trafalgar.
La Vallée	Récits d'un vieux Chasseur.
Lemercier	Augustin.
Lesage	Histoire de Gil-Blas de Santillane.
—	Même ouvrage,
—	Même ouvrage.
—	Le Diable boiteux.
Le Vavasseur	Dans les Herbages.
Lionnet (Mme Marie)	La Fille du Philosophe.
—	Les épreuves d'Antoinette.
Lorrain (Jean)	Les Lépillier.
Loti (Pierre)	Pêcheur d'Islande.
—	Même ouvrage.
—	Mon Frère Yves.
—	Le Roman d'un enfant.
—	Même ouvrage.
—	Le Roman d'un Spahi.
—	Propos d'exil.
—	Le Mariage de Loti. R.
—	Aziyadé.
—	L'exilée.
Maël (Pierre)	Un Manuscrit.
—	Torpilleur 29.
—	Pilleur d'épaves.
—	Ce qu'elle voulait.
—	Sauveteur.
—	Amour d'Orient.
Maizeroy (René)	Souvenirs d'un officier.
Malot (Hector)	La Petite Sœur 2 vol.
—	Micheline.
—	Le Sang Bleu.
—	Le Lieutenant Bonnet.
—	Baccara.
—	Mondaine.
—	Une bonne Affaire.
—	Les amours de Jacques.
—	Sans Famille. 2 vol.
—	Romain Kalbris.
—	Conscience.
—	Justice (Suite de Conscience.)
—	Mère.

Malot (Hector)   Madame Obernin.
—   Les Millions honteux.
—   Cara.
Marcel (Etienne)   Avec et sans Dot.
—   Elle et Moi.
—   Grand'mère.
—   Histoire d'une corbeille de noces.
—   Les aventures d'André.
—   Le vol de Colombes.
Maréchal (Marie)   La Roche Noire.
—   L'Hôtel Woronzoff.
Marmontel   Les Incas.
Martial-Moulin   Bouquet de nouvelles.
Maryan   L'Erreur d'Isabelle.
—   Huberte.
—   Rosa Trevern.
—   Annie.
—   La Faute du Père.
—   Les Rêves de Marthe.
—   Primavera.
—   Le Manoir des Célibataires.
—   L'Héritage de Paule.
Matthey   Le Drame de la Croix-Rouge.
—   La Femme de Judas. (Suite du drame de la Croix-Rouge).
—   Billet de mille.
—   189 H. 981. (Suite du billet de mille.)
—   L'étang des Sœurs grises.
Maupassant (Guy de)   Mont Oriol.
—   Pierre et Jean.
—   Bel Ami.
Mendès (Catulle)   Le Roman rouge.
Mérimée   Colomba.
—   Chronique du règne de Charles IX.
Méry   La Guerre du Nizam.
—   Héva.
—   La Floride.
—   La Chasse au Chastre.
—   Le Bonnet vert.
Méténier (Oscar)   Myrrha Maria.
Meyer (Henri)   Le Mousse de Portjiou.
Michelet (Mme)   Les Mémoires d'un enfant.
Mic d'Aghonne)   L'Enfant du Fossé.
—   L'Ecluse des Cadavres.
—   Les Mémoires d'un Chiffonnier.
Meunier   Plaisirs en deuil. R.
Molènes (Emile de)   Pâlotte.
Montépin   Deux amies de St-Denis.
Mouëzy (André)   Vic-en-sèche.
Navary (de)   Les aventures de Martin Tromp.
—   Le témoin du Meurtre.
Nodier (Charles)   Nouvelles.
Noir (Louis)   Un tueur de lions.

Noriac	Le Grain de sable.
Ohnet (Georges)	Le Maître de Forges.
—	Noir et Rose.
—	Lise Fleuron.
—	Serge Panine.
—	La comtesse Sarah.
—	L'Ame de Pierre.
—	Volonté.
—	Dette de haine.
Pascal (Edmond)	Robert le Diable et Cie.
Pelletan (Eugène)	Jarousseau.
Perret (Paul)	Les demi-mariages.
Pitray (de)	Le petit marquis de Carabas.
Poitevin (Mlle Marie)	L'héritage de Tantale.
Ponson du Terrail	La Veuve de Sologne.
Pont-Jest (René de)	Divorcée.
—	L'Agence Blosset.
Pontmartin (A. de)	Mémoires d'un notaire.
—	Les jeudis de Mme Charbonneau.
Pothey	La fève de St-Ignace.
Pourillon (Emile)	Césette.
Prévost (l'abbé)	Manon Lescaut. R.
Prévost (Marcel)	Mademoiselle Jaufre.
—	La Confession d'un amant. R.
Rabelais	Œuvres. R.
—	Même ouvrage. 7 vol. R.
—	Même ouvrage. R.
—	Même ouvrage. 5 vol. R.
Raymond (Mme)	Histoire d'une Famille.
—	Journal d'une jeune fille pauvre.
—	Barbebleue.
—	A contre-cœur.
—	Les rêves dangereux.
—	Aide-toi le ciel t'aidera.
—	Le legs.
Révillon (Tony)	Noémi.
Richebourg Emile	Deux Mères. 2 vol.
—	Le Fils. (Suite de Deux Mères.) 2 vol.
Robert-Halt (Mme)	Histoire d'un petit Homme.
—	Brave garçon.
—	La petite Lazare.
—	Jacques la Chance et Jean la Guigne.
Rodenbach (G.)	Musée des béguines.
Rod (Edouard)	La vie privée de Michel Teissier.
Rousselet (Louis)	Le tambour de Royal-Auvergne.
Rude (Maxime)	Une victime de Couvent.
Saint-Eman	Nouvelles toutes neuves
Saint-Hilaire	Jean de Kerdren.
Saintine	Picciola.
—	Le Chemin des Ecoliers.
Sales (Pierre)	L'Argentier de Milan.
—	La Fée du Guildo.
—	La Malouine.

Sand (Georges) La Mare au Diable.
— Flamarande.
— Les deux Frères (Suite de Flamarande.
— La petite Fadette.
— Les beaux Messieurs de Boisdoré. 2 vol.
— L'homme de neige. 3 vol.
— Le Château de Pictordu.
— Pierre qui roule.
— Le beau Laurence.
— Mademoiselle de la Quintinie.
— Mauprat.
— Mont Revèche.
Sandeau (Jules) Sacs et parchemins.
— Catherine.
— Le jour sans lendemain.
— Le Docteur Herbeau.
— Mademoiselle de la Seiglière.
— Même ouvrage.
— Madeleine
Saunière (Paul) Papa la Gratte.
— Vif-Argent.
— La Recluse de Mont-Fleury.
Scholl (Aurélien) Mémoires du Trottoir. R.
Ségur (Mme de) Le Mauvais génie.
Sirven Etiennette.
Soulié (Frédéric) Confession générale. 2 vol.
Souvestre (Emile) Les Soirées de Meudon.
Staël (Mme de) Corinne.
— Delphine.
Stahl Les Bonnes fortunes parisiennes. 2 vol.
— Maroussia.
— Histoire d'un âne et de deux jeunes filles.
Stendahl (de) La Chartreuse de Parme.
— Le Rouge et le Noir.
Sterne Voyage sentimental.
— Même ouvrage.
Sue (Eugène) Miss Mary ou l'institutrice.
— Les Mystères de Paris. 2 vol.
— Mathilde. 4 vol.
— La Salamandre.
— La Morne au Diable.
Sylva (Carmen) Marié !
Sylvestre (Armand) La Kosake.
— Maïma.
Theo-Critt Le Sénateur Ignace.
Theuriet (André) Sous Bois.
— Tante Aurélie.
— Même ouvrage.
— Péché mortel.
— La maison des deux Barbeaux.
— Reine des bois.
— Le mariage de Gérard.

Theuriet (André)	Le mari de Jacqueline.
—	Jeunes et Vieilles Barbes.
—	La Chanoinesse.
—	Paternité.
Tinseau (de)	Ma cousine Pot-au-Feu.
—	Sur le Seuil.
—	La meilleure part.
—	Bouche close.
—	Charme rompu.
—	Alain de Kérisel.
Tissot (André)	Les Conteurs amusants.
Tissot (Victor)	Aventure de trois Fugitifs ou la vie en Sibérie.
Topper (Rodolphe)	Nouvelles Génevoises.
Toudouze (Gust.)	Madame Lambelle.
—	Le Ménage Bolsec.
Touzin (Jenny)	La vertu de Madeleine.
Trouessard (Mlle)	Aveugle !
—	Cœur fermé.
Uchard (Marie)	Mon oncle Barbassou. R.
—	Le Mariage de Gertrude.
Ulbach (Louis)	Le Livre d'une Mère.
Valery-Radot	Journal d'un volontaire d'un an.
Vallon (Georges du)	Le Mari de Simone.
Valrey (Max.)	Marthe de Montbrun.
Valtine (Marie de)	Sans Foyer.
Vanier (Léon)	Les 28 jours d'un Réserviste.
Vast-Ricouard	La Sirène.
Verne (Jules)	Cinq semaines en ballon.
—	De la Terre à la Lune.
—	Autour de la Lune.
—	Le Tour du Monde en 80 jours.
—	Même ouvrage.
—	Voyage au centre de la Terre.
—	L'Ile Mystérieuse.
—	La Maison à vapeur.
—	Michel Strogoff.
—	Aventures du capitaine Hatteras.
—	Les Enfants du capitaine Grant.
—	La Jangada.
—	Vingt mille lieues sous les mers.
—	Mathias Sandorff. 3 vol.
—	Le Chancellor. — Maître Paz.
—	L'École des Robinsons. — Le rayon vert.
—	Les Tribulations d'un Chinois. — Les 500 millions de la Bégum.
—	Découverte de la Terre.
—	Les Grands Navigateurs du XVIIIe siècle.
—	Hector Servadac.
—	Le docteur Ox. — Maître Zacharius.
—	Le Pays des Fourrures.
—	Aventures de trois Russes et de trois Anglais.
—	Sens dessus dessous.

Verne (Jules)	Mistress Branican. 2 vol.
Vialon (Prosper)	L'Homme au Chien muet. (2 ex.)
Vigny (A. de)	Cinq Mars
Vignon (Claude)	Vertige.
—	Château-Gaillard.
Villiers de l'Isle-Adam	Le Secret de l'Echafaud.
Vincent (Charles)	Tout seul.
Vincent (Jacques)	Vaillante.
—	Le cousin Noël.
Vitu	Contes à dormir debout.
Voïart (Mlle Elise)	Le petit livre vert.
Witt (Mme de)	Notre-Dame Guesclin.
—	Tout simplement.
—	Un héritage.
Wyss	Le Robison Suisse.
—	Même ouvrage. 2 vol.
Zola (Emile)	Le Rêve.
—	Germinal. R.
—	La Terre. R.
—	Nana. R.
—	La Faute de l'abbé Mouret. R.
—	Une Page d'amour. R.
—	La Débâcle.
—	Le Docteur Pascal. R.
—	Lourdes.
Zari	Le Fada.

Belles-Lettres. — Romans étrangers.

Anonymes	Mehalah.
—	Les aventures merveilleuses de Fortunatus.
Beecher Stow	La Case de l'oncle Tom.
—.	Même ouvrage.
—	La Clef de la Case de l'oncle Tom.
Blackmore	Erema. 2 vol.
Braddon	Le Secret de Miss Audley. 2 vol.
Brouhgton (Rhoda)	Fraîche comme une rose.
Burnett (Frances)	Une nièce d'Amérique.
Cervantes	Don Quichotte de la Manche.
—	Même ouvrage.
—	Même ouvrage. 2 vol.
Chamisso (Adelbert de)	Pierre Schlémihl.
Collins (Wilkie)	Le Secret.
Cooper (Fenimore)	Œuvres. 6 vol.
Craddoch Egbert	Le Prophète des montagnes fumeuses.
Craick (Miss G.)	Le Fils aîné.
Dickens (Charles)	Bleak House. 2 vol
—	David Copperfield. 2 vol.
—	Olivier Twist.
—	Aventure de M. Pickwick.
—	Même ouvrage. 2 vol.
—	Vie et aventures de Nicolas Nickleby. 2 vol.
—	Contes de Noël.
Disraeli	Lothair. 2 vol.

Edgeworth (Maria)	Contes Familiers.
—	Forester.
Foë (Daniel de)	Robinson Crusoé.
—	Même ouvrage.
Gœrtsacker	Les deux Convicts.
—	Les Pirates du Mississipi.
Gogol	Les Ames mortes. 2 vol.
Goldsmitt	Le Vicaire de Wakefield.
Harrisson Ainsworth	Abigaïl.
Longus	Daphnis et Chloé.
—	Même ouvrage.
Marlitt	Gizèle, comtesse de l'Empire. 2 vol.
—	Le Secret de la vieille Demoiselle. 2 vol.
—	La seconde Femme. 2 vol.
—	La Servante du régisseur.
Mayne Reid	La Sœur perdue.
—	Les Chasseurs de chevelures.
—	Les Veillées de chasse.
—	La Chasse au Léviathan.
—	La Terre de feu.
—	La Montagne perdue.
—	Les Emigrants du Transwaal.
—	La Gantelet blanc.
—	Le Petit Loup de mer.
—	Les Planteurs de la Jamaïque.
—	Les Chasseurs de plantes.
—	Le Désert d'eau dans la forêt.
—	Les deux Filles du Squatter.
—	Bruin ou les chasseurs d'ours.
Noël (Lady A.)	Un Lâche.
Petit de Lacroux	Les Mille et un jours. R.
Schmid (Chanoine)	Contes.
—	Le jeune Henri.
—	Fernando.
Scott (Walter)	Œuvres. 27 vol.
—	Ivanhoe.
—	Même ouvrage. 4 vol.
—	L'Antiquaire.
—	Richard en Palestine.
Silvio Pellico	Mes Prisons.
Stephens	Opulence et Misère.
Tolstoï (Léon)	A la recherche du bonheur.
—	Anna Karenine. 2 vol.
—	La Mort.
—	La guerre et la paix. 3 vol.
—	Le roman du mariage.
Tourgueneff (Yvan)	Mémoires d'un Seigneur russe, 2 vol.
—	Scènes de la Vie russe.
—	Nouvelles scènes de la Vie russe.

Belles-Lettres. — Philologie

Albert (Maurice) La Littérature française sous la Révolution, l'Empire et la Restauration.

Albert (Paul)	La Littérature française des origines à la fin du XVIe siècle.
—	La Littérature française au XVIIe siècle.
—	La Littérature française au XIXe siècle.
—	Anthologie des Prosateurs français.
—	Même ouvrage.
Barante (de)	Etudes littéraires. 2 vol.
Barine	Bernardin de Saint-Pierre. (2 ex.)
Brunetière	L'Evolution des genres dans l'histoire de la Littérature.
—	Etudes critiques sur l'histoire de la Littérature française. 4 vol.
Cahen (Albert)	Morceaux choisis des auteurs français.
Caro (E.)	Variétés littéraires.
—	Poètes et Romanciers.
Damas-Hinard	La Fontaine et Buffon.
Demogeot	Histoires des Littératures étrangères. 2 vol.
—	Même ouvrage 2 vol.
—	Textes classiques de la Littérature française. 2 vol.
Du Camp (Max.)	Souvenirs littéraires. 2 vol.
Faguet (Emile)	Etudes littéraires XVIIe siècle.
—	Idem. XVIIIe siècle.
—	Même ouvrage.
—	Etudes littéraires XIXe siècle.
—	Notes sur le Théâtre contemporain.
—	Politiques et moralistes du XIXe siècle.
France (Anatole)	La vie littéraire. 3 vol.
Franck (A.)	Nouveaux essais de critique philosophique.
Gaucher (Max.)	Causeries littéraires.
Gossot (Emile)	Marivaux moraliste.
D'Haussonville	Madame de la Fayette.
—	Etudes biographiques et littéraires.
—	Le Salon de Mme Necker. 2 vol.
Hennequin (Emile)	Quelques écrivains français.
Jacquinet (P.)	Lettres choisies du XVIIe siècle.
Labbé	Choix de Lettres du XVIIIe siècle.
La Harpe	Cours de Littérature ancienne et moderne. 16 vol.
—	Cours de littérature. 18 vol.
—	De la Jeunesse.
Lemaître (Jules)	Les Contemporains. 5 vol.
—	Les Contemporains. 4 vol.
Mézières (A.)	En France XVIIIe et XIXe siècles. (3 ex.)
—	Hors de France (3 ex.)
Noël et de La Place	Leçons françaises de Littérature et de Morale. 2 vol.
Paris (Gaston)	La Littérature française au Moyen Age.
—	Même ouvrage.
Pellissier	La Langue française depuis ses origines.
Schérer (Edmond)	Etudes sur la Littérature au XVIIIe siècle.
Taine	La Fontaine et ses fables.
Villemain	Cours de Littérature. 5 vol.

Belles-Lettres. — Polygraphes

Anonymes	Voyage de Sophie et d'Eulalie au palais du vrai bonheur.
—	La Morale en actions.
About (Edmond)	Nouvelles et Souvenirs.
Barine	Princesses et grandes Dames.
Baschet	Son œuvre.
Beauregard (Costa de)	Un homme d'autrefois.
Bonnefoy	Toujours pour la France.
Bouilly	Conseils à ma fille. 2 vol.
Chamfort	Œuvres choisies. 3 vol.
Châteaubriand	Œuvres. 20 vol.
—	Mémoires d'Outre-Tombe. 6 vol.
—	Etudes historiques. 4 vol.
Cherville (de)	Lettres de mon jardin.
Constant (Benjamin)	Lettres à Madame Récamier.
Cousin (Victor)	Madame de Chevreuse et Madame d'Hautefort.
Deschanel (Emile)	Le Théâtre de Voltaire.
—	Corneille, Rotrou, Molière (le romantisme des classiques).
—	Racine (Le romantisme des classiques) 2 vol.
—	Même ouvrage
Diderot	Œuvres complètes. 20 vol.
—	Correspondance littéraire, philosophique et critique. 5 vol.
—	Œuvres choisies. 6 vol.
—	Œuvres choisies.
—	Le Neveu de Rameau.
Faguet (Emile)	Corneille (commentaires).
Florian	Œuvres. 7 vol.
—	Œuvres posthumes. 3 vol.
D'Haussonville	Mérimée et Elliot.
Jacob (Paul L.)	Les Vieux Conteurs français.
Lamartine	Œuvres complètes. 10 vol.
—	Confidences.
Leroux (Hugues)	Portraits de cire.
Maistre (Xavier de)	Œuvres complètes.
Marmontel	Œuvres choisies. 10 vol.
Martonne (de)	Fagots et Fagots.
Ménard	Œuvres inédites de Bossuet.
Mérimée	Portraits historiques et littéraires.
Mesnil (Armand du)	Propos interrompus.
Michelet	Mon Journal.
Monin (H.)	Journal d'un bourgeois de Paris pendant la Révolution (1789).
Pelletan (Eug.)	Profession de foi au XIXe siècle.
—	Même ouvrage.
Perey (Lucien)	Histoire d'une grande Dame au XVIIIe siècle. 2 vol.
—	Un petit-neveu de Mazarin.
—	La fin du XVIIIe siècle.

Rémusat (Mme *de*) Lettres. 2 vol.
Rousseau (J. J.) Œuvres. 24 vol.
St-Pierre (*Bernardin de*) Paul et Virginie.
Sand (*Georges*) Correspondance.
Sévigné (Mme *de*) Lettres choisies.
— Lettres choisies.
— Quelques lettres.
Streckeisen-Moulton Jean-Jacques Rousseau, ses amis et ses ennemis.
Taine Essais de critique et d'histoire.
— Nouveaux essais de critique et d'histoire.
Tocqueville (*Alexis de*) Œuvres (incomplet). 7 vol.
Véron (*Docteur*) Nouveaux mémoires d'un bourgeois de Paris.
Villemain Souvenirs contemporains d'Histoire et de Littérature.
Volney Œuvres complètes.
— Les Ruines.
Voltaire Œuvres complètes. 35 vol.
— Œuvres. 13 vol.
— Œuvres choisies.
— Lettres choisies. 2 vol.
— Chefs-d'œuvres. 2 vol.
Wey (*Francis*) Londres il y a cent ans.
Wolff (*Albert*) Voyages à travers le monde.

Collection de la Bibliothèque Latine-Française, publiée par C. L. Panckoucke, comprenant 178 volumes, 1 volume d'Iconographie et 1 de Paléographie, ainsi répartis :

Tacite	7 vol.	Phèdre	1 vol.
Tite-Live	17	Senèque le tragique	3
J. César	3	Plaute	9
Salluste	2	Térence	3
Suétone	3	Virgile	4
Justin	2	Horace	2
Quinte-Curce	3	Juvénal	2
Florus	1	Perse	1
V. Paterculus	1	Ovide	10
C. Nepos	1	Lucrèce	2
V. Maxime	3	Lucain	2
Pline-le-Jeune	3	Claudien	2
Pline le naturaliste	20	Val. Flaccus	1
Pétrone	2	Stace	4
Apulée	4	Silius Italicus	3
Cicéron	36	Martial	4
Quintilien	6	Catulle et Gallus	1
Senèque le philosophe	8	Properce	1
		Tibulle et P. Syrus	1

Collections d'Ouvrages et d'Extraits d'Auteurs Latins ou Grecs

César	Commentaires. 2 v.
Ésope	Fables traduites.
Homère	L'Iliade en grec.
Horace	Œuvres en latin.
—	Œuvres en latin.
—	Œuvres traduites.
—	Œuvres traduites.
Martial	Œuvres traduites.
	Paléographie. Duplicata de celui de la collection Panckoucke.
Perse et Juvénal	Satires en latin.
Plaute	Théâtre traduit. 4 vol.
Tacite	Œuvres traduites. 5 vol.
Xénophon	L'Économique traduit.

Histoires et Géographie. — Dictionnaires. — Généralités

Anonyme	Galerie des Contemporains illustres, 8 vol.
—	Atlas faisant suite aux histoires de Rollin.
—	Guide pour la ville de Bourges.
Ansart (Félix)	Cahiers de Géographie historique. 6 cahiers.
—	Atlas de Géographie.
Bast (de)	Tableaux mythologiques.
Bouasse-Lebel	Tableau de Cosmographie.
Boudin	Eléments de Statistique et de Géographie.
Bouillet	Dictionnaire universel d'Histoire et de Géographie.
—	Même ouvrage. 2 vol.
Bouinais et Paulus	La France en Indo-Chine. (2 ex.)
Bruzen La Martinière	Le Grand Dictionnaire géograp. et critique.
Buy de Mornas	Atlas méthodique et élémentaire d'histoire et de géographie.
—	Atlas historique et géographique. 3 vol.
Christian	L'Afrique française.
Crozat	Géographie universelle.
Delamarche	Atlas de Géographie ancienne et moderne.
—	Atlas élémentaire.
Etat-Major	Carte du département de Loir-et-Cher au 1/80,000.
De Girardot et Durand	La Cathédrale de Bourges.
Fontpertuis (de)	Chine, Japon, Siam et Cambodge.
Gaudeau	Histoire générale de tous les peuples et Géographie. 3 vol.
Gaultier (l'abbé)	Géographie.
Grégoire (L.)	Géographie physique, politique et économique de la France et ses possessions. (2 ex.)
Grove	Océans et Continents.
Hachette	Atlas manuel de Géographie moderne. R.
Janin (Jules)	La Normandie.
Joanne	Géographie de la Haute-Marne.

— 46 —

Lesage	Atlas élémentaire géographique, historique, chronologique et généalogique. R.
Louandre	Dictionnaire usuel d'Histoire et de Géographie.
Michels (des)	Précis d'Histoire et de Géographie du Moyen-Age.
Montelle	La Géographie enseignée.
Morin (J.-B.)	Géographie élémentaire.
Pitre-Chevalier	La Bretagne ancienne et moderne.
—	Bretagne et Vendée.
Reclus (Elisée)	La Terre. — Les Continents. R.
—	La France. R.
Rizzi-Zannoni	Atlas historique de la France ancienne et moderne.
Soudak (L. de)	Voyage en Crimée.
Tardieu	Atlas des Départements.
Tissot	Cartes géologiques de l'Algérie.
Tissot (Victor)	La Chine.
—	Univers pittoresque (ouv. incomplet). 14 v.
—	Idem. 7 livraisons.
Vapereau	Dictionnaire universel des Contemporains.
Vivien	Cartes des Iles britanniques.
Vosgien	Dictionnaire géographique.
—	Dictionnaire géographique portatif.

Géographie. — Voyages

Anonyme	Les Naufragés au Spitzberg.
—	Pélerinage en Terre Sainte.
—	La grande Chartreuse.
—	Le Naufrage de la *Jeannette*.
—	Voyage illustré dans les cinq parties du monde.
Amicis (de)	Constantinople.
—	L'Espagne.
—	La Hollande.
Beaufort (de)	Souvenirs d'Italie.
Beauvoir (Roger de)	Pékin, Yeddo et San-Francisco.
—	Australie.
—	Java, Siam, Canton.
Belain d'Estambuc	Et les Normands aux Antilles.
Bellot	Journal d'un voyage aux mers polaires.
Beulloch	Le Mexique en 1823.
Biart (Lucien)	La Terre chaude. (2 ex)
—	La Terre tempérée.
—	Le Fleuve d'or.
—	A travers l'Amérique.
—	Même ouvrage.
Bourde (Paul)	De Paris au Tonkin.
Boussenard (Louis)	A travers l'Australie ou l'Opossum rouge.
Burnaby (Fred)	Une visite à Khiva.
Calouste S. Gulbenkian	La Transcaucasie et la péninsule d'Apcheron.
Cammas et Lefèvre	La vallée du Nil.

Cat	Les grandes découvertes maritimes du XIII° au XVI° siècle.
Chabrand	De Barcelonnette au Mexique.
Chaillé-Long	L'Afrique centrale.
Chalamet	Les Français au Canada.
Charmes (Gabriel)	La Tunisie et la Tripolitaine.
Depping	Merveilles et beautés de la nature en France 2 vol. (2 ex.)
Deschanel	La Question du Tonkin.
—	Les intérêts français dans l'Océan Pacifique.
Dubois	Géographie économique de l'Europe.
—	Géographie économique de l'Afrique, l'Asie, l'Océanie et l'Amérique.
Dumas (Alex.)	Impressions de voyage en Suisse. 3 vol.
—	Même ouvrage. 3 vol.
—	Même ouvrage. 3 vol
—	Même ouvrage. 3 vol.
Durand (Hippolyte)	Les bords du Rhin de Mayence à Cologne.
—	Les bords du Danube en Allemagne.
Ernouf (baron)	Cachemire et petit Thibet.
Excoffon	Les pères blancs en Afrique.
Fer (de)	Introduction à la Géographie.
Feyrol	Les Français en Amérique.
Foureau	Carte d'une partie du Sahara septentrional.
Fonvielle (Wilfrid de)	Le Glaçon de Polaris.
France moderne	De Wissembourg à Ingolstadt.
Frédé	La chasse à l'éléphant à Ceylan.
—	La chasse aux castors dans l'Amérique russe.
Fromentin (Eugène)	Un été dans le Sahara.
—	Une année dans le Sahel.
Gaffarel	Les explorations françaises de 1870 à 1881 (3 ex.)
Garnier	Jérusalem et la Judée.
Gasparin (Agénor de)	A travers les Espagnes.
Génin	Les explorations de Brazza.
—	Même ouvrage.
—	Même ouvrage.
Girard (Jules)	Les rivages de la France autrefois et aujourd'hui.
De Girardot et Durand	La cathédrale de Bourges
Gourdault (Jules)	L'Homme blanc au pays des nègres.
—	Venise et la Vénitie.
—	La France pittoresque.
Grad (Charles)	A travers l'Alsace et la Lorraine.
Greely	Dans les glaces arctiques.
Guide-Diamant	Suisse — Normandie — Bretagne. 3 vol.
—	Dauphiné et Savoie — stations d'hiver dans la Méditerranée. 2 vol.
—	Lyon et les environs — Aix-les-Bains. 2 vol.
—	Vosges, Alsace et Ardennes — Pau, Eaux bonnes. Eaux chaudes. 2 vol.
—	Le Mont-Dore — Même ouvrage. 2 vol.
Guide à l'Exposition de 1889.	
Guide à Bourges.	

Havard (Henri)	Amsterdam et Venise.
Hawkesworth	Relation des voyages entrepris par ordre de S. M. Britannique.
Hodges	Voyages de Jacques Cook. 5 vol.
Hommaire de Hell	A travers le monde.
Hugo (Victor)	Le Rhin. 4 vol.
Jacquemont (Victor)	Correspondance. 2 vol.
Jaime	De Koulikoro à Tombouctou.
Jeannest (Charles)	Quatre mois au Congo.
Joanne	Atlas de la France.
Joinville (Prince de)	Vieux souvenirs.
Jurien de la Gravière	Voyage de la Corvette la *Bayonnaise* dans les mers de Chine. 2 vol.
Kingston	Aventures périlleuses chez les Peaux-Rouges.
Kœchlin-Schwartz	Un Touriste en Laponie.
—	Un Touriste au Caucase.
Kohn-Abrest	Un printemps en Bosnie.
Labillardière	Atlas pour servir à la relation du voyage de la Pérouse.
Labonne (Dr Henri)	L'Islande.
Lamartine	Voyage en Orient (incomplet).
Lamy (Georges)	Voyage du novice Jean-Paul à travers la France d'Amérique.
Lanier	L'Europe.
Lebrun (Henri)	Voyages au Pôle nord.
Leclercq (Jules)	Voyage au Mexique (de New-York à la Vera-Cruz par terre.)
—	Du Caucase aux monts Alaï.
Lens	Tombouctou. 2 vol.
Loir	L'escadre de l'amiral Courbet.
Madelène (de la)	Le comte de Raousset-Boulbon.
Mandat Grancey (de)	Dans les Montagnes Rocheuses.
—	La chasse aux buffles.
—	Souvenirs de la côte d'Afrique.
Marles (de)	Firmin ou le jeune voyageur en Egypte.
—	Gustave ou le jeune voyageur en Espagne.
Marmier (Xavier)	Nouveaux récits de voyages.
Martineau (A.)	Madagascar.
Melon (Paul)	De Palerme à Tunis.
Metchnikoff	La Civilisation et les grands fleuves.
Monnier (Marcel)	Iles Havaï.
Montemont (Alb.)	Bibliothèque universelle des voyages. 45 vol.
Morot	Journal de voyage de Paris à Jérusalem.
Orsolle	Le Caucase et la Perse.
Petitot	Quinze ans sous le cercle polaire.
Postel	En Tunisie et au Maroc.
Ravensberg (de)	Jérusalem.
Raynal	Les Naufragés ou vingt mois sur un récif des îles Auckland.

Reclus (Onésime)	En France.
—	Même ouvrage.
—	Nos Colonies.
—	La Terre à vol d'oiseau.
Reuss (Docteur)	A travers l'Algérie.
Rollin	Atlas faisant suite aux histoires de Rollin.
Roy	Quinze ans de séjour à Java et dans les îles. R.
Sanderval	De l'Atlantique au Niger par le Foutah-Djallon.
Saulcy (de)	Voyage en Terre sainte. 2 vol.
Soltykoff (Prince)	Voyage dans l'Inde.
Stanley	Dans les ténèbres de l'Afrique. 2 vol.
Steyret et Marc	Voyage de Napoléon III dans le sud-est de la France, en Corse et en Algérie.
Taine	Voyage aux Pyrénées.
Tastu (Mme)	Voyage en France.
Tillier et Bonnetain	Histoire d'un paquebot.
Tissot (Victor)	Voyage au pays des Tziganes.
Tosltoï (Comte)	Les Cosaques.

Tour du monde de 1860 à 1886 inclus (complet). Relié en 47 vol. (Années 1867 et 1868 incomplètes. 1869 complète) en livraisons.

Vanauld	Panorama des peuples.
Varigny (de)	Voyage du matelot Jean-Paul en Australie.
Viart (Edouard)	Au bas Niger.
—	Même ouvrage.
Vignon	La France dans l'Afrique du Nord (Algérie et Tunisie).
Weber (de)	Quatre ans au pays des Boers.
Wey (Francis)	Dick Moon en France.
Wogan (de)	Voyage du canot en papier « le Qui-Vive. »
Zurcher et Margolle	Les Naufrages célèbres.

Histoire. — Histoire universelle

Ansart (Félix)	Nouvelles tablettes chronologiques de l'Histoire universelle.
Anquetil	Précis de l'Histoire universelle. 9 vol.
Bachelet	Histoire ancienne grecque et romaine.
Bernard (F.)	Les Fêtes célèbres.
—	Même ouvrage.
Berruyer	Histoire du peuple de Dieu. 10 vol.
	Suite de l'Histoire du peuple de Dieu. 8 vol.
Bossuet	Discours sur l'Histoire universelle.
—	Même ouvrage.
—	Même ouvrage. 2 vol.
Burette	Histoire ancienne. 3 vol.
Caillot	Abrégé de l'Histoire ancienne de Rollin.
Ducoudray	Histoire ancienne grecque et romaine.
Duruy	Abrégé d'Histoire universelle.
Figuier	L'Homme primitif.
Jurien de la Gravière	Les campagnes d'Alexandre. 5 vol.
—	Même ouvrage. 5 vol.

Lebeau	Histoire du Bas-Empire. 27 vol.
Lenglet du Fresnoy	Tablettes chronologiques de l'Histoire universelle. 2 vol.
Renneville (de)	Beautés de l'Histoire du jeune âge.
Rollin	Histoire ancienne. 15 vol.
—	Histoire moderne. 30 vol.
Salverte	Essai historique et philosophique sur les noms d'hommes et de lieux. 2 vol.

Histoire. — Histoire moderne. — Histoire générale

Annuaire des Deux Mondes de 1853 inclus à 1865 inclus, reliés en 10 vol.
Années 1862-1863 (Double emploi) 1866-1867 brochées. 4 vol.

Beust (Cte de)	Mémoires. 2 vol.
Canonge	Histoire militaire contemporaine. 2 vol.
Duruy (Victor)	Histoire des temps modernes.
Seignobos	Histoire de la civilisation contemporaine.

Histoire. — Histoire ancienne. — Histoire romaine.

Anonyme	Abrégé de l'Histoire romaine.
Caillot	Abrégé de l'Histoire romaine de Rollin.
Chevalier	Herculanum et Pompéï.
Crevier	Histoire des Empereurs romains. 12 vol.
Crevier	De la Jeunesse.
Dion Cassius	Histoire romaine. 5 vol.
Duruy (Victor)	Histoire des Romains. 7 vol.
Duruy	Histoire romaine jusqu'au siècle d'Auguste. 2 vol.
Gibbon	Histoire de la décadence et de la chute de l'Empire romain (incomplet). 10 vol.
Joguet	Les Flaviens.
Le Bas	Précis d'Histoire romaine.
Napoléon III	Histoire de Jules César. 2 vol. et 1 atlas.
Rollin	Histoire romaine. 16 vol.
Rozoir (du)	Précis de l'Histoire romaine.

Histoire. — Histoire ancienne. — Grèce

Barthélemy	Voyage du jeune Anacharsis en Grèce. 5 v. et 1 atlas.
—	Abrégé du même ouvrage. 2 vol.
—	Même ouvrage. 1 vol.

Historiens grecs (Choix des...)

Histoire. — Histoire ancienne et du moyen-âge. — Biographie.

Beulé	Tibère et l'héritage d'Auguste.
Caillot	Tableau des Croisades 2 vol.
Chaix	Saint Sidoine-Appollinaire et son siècle. 2 v.
Duruy (Victor)	Histoire du Moyen-Age.
Feillet	Histoire du gentil seigneur de Bayard.
Frantin	Annales du Moyen Age. 8 vol.
Peyronnet (de)	Histoire des Francs. 2 vol.
Plutarque	Vie des Hommes illustres. 4 vol.

Plutarque	Même ouvrage. 8 vol.
Ruelle	Histoire du Moyen Age. 2 vol.
Thierry (Augustin)	Dix ans d'études historiques.
Walter	Thomas Morus et son époque.

Histoire. — Bibliographie générale.

Anonyme	Vie de la mère Magdeleine de St-Joseph, carmélite déchaussée.
Bardoux (A.)	Madame de Custine.
—	Même ouvrage.
Bayla	Dictionnaire historique et critique. 3 vol. R.
Berthelot	Notice historique sur Lavoisier.
Bled (du)	Le prince de Ligne et ses contemporains.
Block	Les Mères des grands hommes.
Brimont (de)	Saint-Ursin.
Busch (Dr Moritz)	Le comte de Bismarck et sa suite.
Caboche-Demerville	Les enfants célèbres.
Collet	Vie de Saint Vincent de Paul.
Deschanel	Franklin.
Dumas (F.)	Le commandant Guzman.
Flavigny (de)	Le bienheureux Pierre Fourier.
Hubner (de)	Sixte-Quint. 2 vol.
Jurien de la Gravière	Doria et Barberousse.
Lamartine	Christophe Colomb.
Moreri	Le grand dictionnaire historique et son supplément. 8 vol.
Pons	Sainte-Beuve et ses Inconnues.
Poujoulat	Histoire de Saint-Augustin.
Sainte-Beuve (de)	Nouveaux lundis (incomplet). 5 vol.
—	Notice sur Littré.
Tissandier	Les Martyres de la science.
—	Les Héros du Travail.
Villemain	Histoire de Grégoire VII. 2 vol.

Histoire. — Histoire moderne. — France

Ancienne France	Henri IV et Louis XIII.
—	La Chevalerie et les Croisades.
—	Même ouvrage.
Anonymes	Histoire de France. 2 vol.
—	L'Empereur Napoléon III l'Angleterre.
—	Analyse des vœux des Conseils généraux. 18 br.
—	La politique française en Tunisie.
—	Analyse des votes des Conseils généraux. 8 b.
—	Histoire populaire de France. 4 vol.
—	Histoire de France en 108 tableaux.
—	Procès-verbaux des séances de l'assemblée nationale. 5 vol.
—	Résumé des victoires et conquêtes des Français. 4 vol.
—	Révolutions de Paris.
Ansart (Félix)	Petite histoire de France.

— 52 —

Audebrand (Philibert)	Nos révolutionnaires.
—	Petits mémoires du XIXᵉ siècle.
Aulard	Etudes et leçons sur la Révolution française.
Barante (de)	Histoires des Ducs de Bourgogne. 12 vol.
—	Même ouvrage. 12 vol.
—	Etudes historiques. 2 vol.
Barras	Mémoires. 2 vol.
Bazancourt (de)	L'Expédition de Crimée. 2 vol.
Blanc (Louis)	Histoire de la Révolution française. 12 vol.
—	Histoire de dix ans. 5 vol.
—	Histoire de la Révolution de 1848. 2 vol.
Blanchart	Beautés de l'histoire de France.
Bonneville de Marsangy	Journal d'un volontaire de 1791.
Boiteau	Etat de la France en 1789.
Boulainvilliers (de)	Histoire de l'ancien gouvernement de la France. 3 vol.
Boullé	Histoire complète des Etats généraux. 2 vol.
Buchon	Choix de chroniques. 13 vol.
—	Le vol 3 est en double expédition.
Cadiot	Histoire chronologique de France (incomplet.)
Capefigue	Charlemagne. 2 vol.
—	Louis XV. 4 vol.
Carnoy	Les Légendes de France.
Ceylus (marquise de)	Souvenirs.
Challamel	Les Mémoires du peuple français. 8 vol.
Chanzy (Gᵃˡ)	La deuxième armée de la Loire.
Chasles	Histoire de France abrégée.
Chélard	Les armées françaises jugées par les habitants de l'Autriche.
Chenu	Les Conspirateurs.
Chéruel	Dictionnaire historique des institutions mœurs et coutumes de France. 2 vol.
Chuquet	Le général Chanzy.
Claretie	Histoire de la Révolution 1870-1871.
—	La Débâcle.
Collin de Plancy	Légendes de l'histoire de France.
Crétineau-Joly	Histoire de Sonderbund. 2 vol.
Dalcème	Le siège de Bitche.
Daniel (le père)	Histoire de France. 3 vol.
Darimon	Notes pour servir à l'histoire de la guerre de 1870.
Desjardins	Tableau de la guerre des Allemands dans le département de Seine-et-Oise.
Dhombres	La Révolution française.
Dick de Lonlay	Au Tonkin.
Duruy (Georges)	Mémoires de Barras.
Duruy (Victor)	Introduction générale à l'histoire de France.
—	Histoire de France. 2 vol.
—	Même ouvrage. 2 vol.

Dussieux	Le siège de Belfort
—	Histoire générale de la guerre de 1870-1871. 2 vol.
Fabre-Massias	Précis de la guerre franco-allemande.
Fermé	Strasbourg (procès politique.)
—	Boulogne idem.
Frey (colonel)	Pirates et rebelles au Tonkin.
Froissart	Histoires et chroniques (incomplet.) 2 vol. reliés en 1 tome.
—	Collection de chroniques et mémoires.
Gabourd	Histoire de Louis XIV.
Gautié	Mémorial du centenaire.
Garbé	Procès du capitaine Doineau.
Gilly (Numa)	Mes dossiers.
Godard	Soirées algériennes.
Grenest	L'armée de la Loire. 2 vol.
Guérin	Histoire maritime de la France. 6 vol.
Guizot	Histoire de la civilisation en France et en Europe. 5 vol.
—	Essais sur l'histoire de France.
Hamel (Ernest)	Histoire de la République française.
—	Histoire de la Restauration. 2 vol.
—	Même ouvrage. 2 vol.
Hérisson (d')	Journal d'un officier d'ordonnance.
—	Le Cabinet noir.
Houssay (Henri)	1814. (2 ex).
—	1815.
—	Même ouvrage. (1815.)
Hubault et Marguerin	Histoire de France.
Huc	Nos petites colonies.
—	Même ouvrage.
Huc et Haurigot	Nos grandes colonies.
Hugo (Victor)	Histoire d'un crime.
Jallifier	Histoire des Etats généraux.
Janet (Paul)	Histoire de la révolution française.
Jeaucrot	Le 14 juillet.
Jezierski	Combats et batailles du siège de Paris.
Joinville (sire de)	Mémoires.
Laity	Le prince de Napoléon à Strasbourg.
Lamartine	Histoire des Girondins. 8 vol.
—	Histoire de la Révolution de 1848. 2 vol.
Lapeyrouse-Bonfils	Histoire de la marine française. 3 vol.
Larchey	Les suites d'une capitulation.
—	Les Cahiers du capitaine Coignet.
—	Journal du canonnier Bricard.
Lastic-Saint-Jal	Chroniques et légendes mérovingiennes.
Lebrun (G^{al})	Bazeilles — Sedan.
Legallais	Chroniques du mont Saint-Bernard.
Le Goffic et Tellier	Les mémoires de St-Simon (extraits.)
Lehugeur	Histoire de France en cent tableaux.
—	Même ouvrage.
Lemonnier	L'Algérie.
Levallois	La vieille France. Promenades historiques.

Loir	La marine royale en 1789.
Magen	Histoire du second Empire.
Marbot (G^{al})	Mémoires. 3 vol.
Marcelin	Sous l'Empire.
Martin (Henri)	Histoire de France. 17 vol.
—	Même ouvrage. 19 vol.
Maugras	Journal d'un étudiant pendant la Révolution 1789-1793.
Mézières	Récits de l'invasion.
Michelet	Histoire de la Revolution française. 9 vol.
Mignet	Histoire de la Révolution française. 2 vol.
—	Même ouvrage.
—	Même ouvrage.
Mill	La Révolution de 1848 et ses détracteurs.
Mirabeau	Mémoires. 12 vol.
—	Morceaux choisis.
Mortonval	Histoires des guerres de la Vendée.
Pasquier	Les Recherches de la France.
Pelletan (Camille)	De 1815 à nos jours.
Peyronnet (de)	Histoire des Francs.
Regnault (Elias)	Histoire de huit ans. 3 vol.
Retz (Cardinal de)	Mémoires. 4 vol.
Roche (Léon)	Trente-deux ans à travers l'Islam. 2 vol.
Roland (Mme)	Mémoires. 2 vol.
—	Même ouvrage. 2 vol.
Romagny	Guerre franco-allemande avec atlas.
Rott	Henri IV, les Suisses et la Haute-Italie.
Roy	Les Français en Egypte.
—	Les Français en Espagne.
—	Histoire de la Guerre d'Italie en 1859.
—	Histoire de Louis XI.
Saint-Simon (duc de)	Mémoires complets et authentiques. 13 vol.
—	Même ouvrage. 13 vol.
Sayous	Les deux révolutions d'Angleterre.
Sorel (Albert)	Histoire diplomatique de la guerre franco-allemande. 2 vol.
Souriau	Louis XVI et la Révolution.
Spuller	Histoire parlementaire de la seconde République.
Ténot (Eugène)	Paris en Décembre 1851.
—	La Province en Décembre 1851.
—	Les Suspects en 1858.
Thierry (Amédée)	Histoire des Gaulois. 3 vol.
Thierry (Augustin)	Lettres sur l'histoire de France.
—	Même ouvrage. 2 vol.
—	Récits sur les Temps mérovingiens. 2 vol.
—	Même ouvrage. 2 vol.
—	Même ouvrage. 2 vol.
—	Essai sur l'histoire de la Formation et des Progrès du Tiers-Etat.
—	Même ouvrage. 2 vol.
Thiers	Histoire de la Révolution française. 4 vol.

— 55 —

Thiers	Histoire du Consulat et de l'Empire. 20 vol. et 1 atlas.
—	Même ouvrage. 20 vol.
—	Même ouvrage (incomplet). 7 vol.
Thirion de Metz	Souvenirs militaires.
Tisset	Mémorial de la Vie de Bonaparte.
Todière	La Fronde et Mazarin.
Valentin	Abrégé de l'histoire des Croisades.
—	Les Ducs de Bourgogne.
Vaulabelle (de)	Histoire des Deux Restaurations. 8 vol. (2 ex.)
Vitet	Les États d'Orléans et la Ligue. 2 vol.
Wimpffen (gén^{ral})	Sedan.

Histoire. — Histoire moderne. — France. Histoires locales.

Andrieux (L.)	Souvenirs d'un Préfet de police. 2 vol.
Anonymes	Annales de l'Institution agron. de Grignon.
—	Notice sur l'incendie de la cathédrale de Rouen en 1822.
—	Annuaires de Loir-et-Cher. 26 années.
—	Calendrier national pour 1866.
—	Éphémérides de la Société d'agriculture de l'Indre pour 1832.
—	Rapports des Préfets de Loir-et-Cher au Conseil général. 21 années.
—	Antiquités de Romorantin. (Manuscrit incomplet.
—	Simples réflexions à propos de la commune de Romorantin.
—	Plan de la ville.
	Association française pour l'avancem^t des sciences. Marseille.
Babeau	Paris en 1789.
Barreau (abbé)	Description de la cathédrale de Bourges.
Bénard (adjudant)	Le blocus de Vincennes en 1815.
Bergevin et Dupré	Histoire de Blois, 2 vol.
Besnard	Notice sur les antiquités de Courbanton.
Bournon (Fernand)	Paris.
—	Inventaire sommaire des archives communales de Romorantin (2 ex). R.
—	Inventaire sommaire des archives départementales antérieures à 1790.
Brethon	Notice historiq. et archéol. sur Montrichard.
Bulteau.	Description de la cathédrale de Chartres.
Canler	Mémoires. 2 vol. (2 ex.).
Cénac-Moncaut	Histoire des peuples des États pyrénéens. 4 v.
Chastang	Notice historique sur le château de Pau.
Décagny	Notice historique du château de Suzanne (Somme).
Delisle	Histoire du château et des sires de Saint-Sauveur-le-Vicomte.
Delorme	Histoire de Saint-Aignan. 2 vol.
Du Camp (Max.)	Paris, ses organes, ses fonctions, etc. 6 v. R.
—	Les convulsions de Paris. 4 vol.

— 56 —

Dulaure	Histoire physique, civile et morale de Paris 10 vol.
Fleury et Damcourt	Histoire de la ville et du château de Ham.
Fournier	Histoire de la Butte des Moulins.
Hù	Le bailliage seigneurial de Pontlevoy. 2 br.
Licquet	Rouen, son histoire, etc.
Macé	Le service de la Sûreté.
—	Un joli monde.
Marquis (Léon)	Les rues d'Etampes et ses monuments.
Mathieu	Histoire du château de Murol.
Mesureur (Mme)	Histoire d'un enfant de Paris.
Motte	L'abbé Motte, aumônier de l'Hôtel-Dieu de Romorantin.
Pierquin de Gambloux	Histoire de Jeanne de Valois.
Plat (l'abbé)	L'Abbaye royale du Lieu Notre-Dame-lès-Romorantin.
—	Les Armoiries de la ville de Romorantin.
—	Les Sœurs hospitalières et l'Hôtel-Dieu de Romorantin.
—	Fondation du couvent des Capucins à Romorantin.
—	Cartulaire de l'abbaye royale du Lieu N.-D.
Puvis (A.)	Notice statist. sur le département de l'Ain.
Ragut	Cartulaire de St-Vincent de Mâcon.
Ramon	L'invasion en Picardie.
Romieu (Mce)	Histoire de la Vicomté de Juliac.
Sarcey (Francisque)	Le Siège de Paris.
Soussaye (de la)	Blois et ses environs.
St-Venant (de)	La vieille Sologne militaire.
Taine	Notes sur Paris. Vie et opinion de Monsieur Graindorge.
Touchard-Lafosse	La Loire historique, pittoresque et biographique. 5. vol.
—	Histoire de Blois et de son territoire.
Vallois (Georges)	Mes archives. Notes sur Mennetou-s^r-Cher.
—	Même ouvrage.
—	Ephémérides berrichonnes. Année 1886.
—	Id. id. 1887.
—	Id. id. 1888.
Van-Hende	Histoire de Lille de 620 à 1804.

Histoire. — Histoire moderne. — France. — Biographie

Anonyme	Les Carnot.
—	Vie de Voltaire.
Audiat	Les Oubliés. — Bernard de Palissy.
Auvigny (d'), Pétau et Turpin	Les Vies des Hommes illustres de France. 26 vol.
Badin	Duguay-Trouin.
Barine	Alfred de Musset.
Bausset	Histoire de Bossuet.
Bertrand (Joseph)	D'Alembert.
Boissier	Madame de Sévigné.

Boissier	Saint-Simon.
Bondois	Villars.
—	Vauban.
Borel	Le Comte Agénor de Gasparin.
Bourelly	Le Maréchal Fabert. 2 vol.
Cardoze	Vercingétorix.
Caro (Emile)	Georges Sand.
Chambelland	Vie du prince de Bourbon-Condé. 3 vol.
Chevallier	Dettes et Créanciers de Catherine de Médicis.
Chuquet	Rousseau (J.-J.)
Clédat	Rutebeuf.
Clément (Pierre)	Jacques Cœur et Charles VII.
—	Même ouvrage.
Condorcet	Vie de Voltaire.
Cousin (Victor)	Jacqueline Pascal.
Desclozières	Vie et Inventions de Philippe de Girard.
Dreyfous (M.)	Les Trois Carnot.
Du Camp	Théophile Gautier.
Dupuy Ernest	Victor Hugo.
Ernouf (baron)	Denis Papin.
Fabre (Joseph)	Procès de condamnation de Jeanne d'Arc.
—.	Procès de réhabilitation de Jeanne d'Arc. 2 v.
Fabre des Essarts	Dupleix et l'Inde française.
Feillet	Histoire du gentil seigneur de Bayart.
Fouillée	Descartes.
Fouquier	Les Assassins de P. L. Courier.
Ganneron	L'Amiral Courbet.
Gervais	L'Amiral Courbet.
Gœpp	Les grands hommes de la France (hommes de guerre) 2 vol.
—	Idem. (navigateurs).
Guillois	Pendant la Terreur, le poète Roucher.
Hamilton	Mémoires de chevalier de Grammont.
Hamont	Dupleix.
Imbert de Saint-Amand	Le Château.
—	La cour de Louis XIV.
—	Marie-Antoinette aux Tuileries.
—	Marie-Antoinette et l'agonie de la royauté.
—	La dernière année de Marie-Antoinette.
—	La Jeunesse de la Reine Marie-Amélie.
Janet	Fénelon.
Jannisson	Bertrand Du Guesclin et son époque.
La Ferrière (de)	Marguerite d'Angoulême. (2 ex.)
Lanson	Boileau.
Leconte (Alfred)	Rouget de Lisle.
Lintilhac	Lesage.
De Lescure	Les amours de François Ier.
Lezay-Marnésia (de)	Mes Souvenirs à mes enfants.
Luce (Siméon)	Jeanne d'Arc à Domrémy.
—	Bertrand Du Guesclin.
Mabilleau	Victor-Hugo.
Martin (Henri)	Jeanne d'Arc.
Michelet	Jeanne d'Arc.

Millet (René)	Rabelais
Paléologue (Maurice)	Alfred de Vigny.
Péréfixe (Hardouin de)	Histoire du roi Henri le Grand.
Pescheux de Vendôme	Vie de M. de Sausin.
Proyart	Vie de Madame Louise de France. 2 vol.
Quinet (Mme Edgard)	Edgard Quinet depuis l'exil.
Raguenet	Histoire de Turenne.
Rod (Edouard)	Stendhal.
Rousse (Edmond)	Mirabeau.
Say (Léon)	Turgot. (2 ex.)
Sorel Albert	Montesquieu.
—	Madame de Staël.
Soumet	Jeanne d'Arc.
Spuller (Eugène)	Figures disparues.

Histoire. — Histoire moderne. — Europe. — Etats divers.

Capefigue	L'Europe pendant le Consulat et l'Emp^{re}. 10 v.
—	Les Cent jours. 2 vol.
—	L'Europe depuis l'avènement de Louis-Philippe jusqu'au 13 juillet 1842. 10 vol.
Chodsko	La Pologne historique.
Clément	Les Borgia.
Créhange	Histoire de la Russie.
Dargand	Histoire d'Elisabeth d'Angleterre.
Doneaud	Histoire contemporaine de la Prusse.
Drohojowska	L'Egypte et le Canal de Suez.
Fleury	Histoire d'Angleterre.
Geyer	Histoire de Suède.
Gourdault	La Suisse pittoresque.
Gozzi	Mémoires.
Grad (Charles)	Le Peuple allemand, ses forces et ses ressources.
Guizot	Histoire de la Révolution d'Angleterre. 2 v.
—	Monk. Chute de la République et rétablissement de la Monarchie en Angleterre.
Letellier	Instruction sur l'histoire d'Angleterre.
Lingard	Histoire d'Angleterre. 14 vol.
—	Même ouvrage. 5 vol.
Mariéjol	L'Espagne sous Ferdinand et Isabelle.
Marlès (de)	Histoire de la Domination des Arabes et des Maures en Espagne et en Portugal. 3 vol.
Mignet	Charles-Quint.
—	Mémoires historiques.
Rambaud	Histoire de la Russie.
Saint-René Taillandier	Le roi Léopold et la reine Victoria. 2 vol.
—	Maurice de Saxe.
Schœfer	Histoire de Portugal.
Seinguerlet	Propos de table du comte de Bismarck.
Simon	L'Allemagne et la Russie au XIXe siècle.
Taine	Notes sur l'Angleterre.
Thierry (Augustin)	Histoire de la conquête de l'Angleterre par les Normands. 4 vol. (3 ex.)

— 59 —

Tissot (Victor)	La Russie et les Russes.
—	Voyage au pays des milliards. (2 ex.)
—	Voyages aux pays annexés.
Vertot (l'abbé)	Histoire des Révolutions de Suède. 2 vol.
Voltaire	Siècle de Louis XIV.
Zeller (Jules)	Histoire résumée d'Italie.
—	Histoire résumée de l'Allemagne et de l'Empire germanique.

Histoire. — Histoire moderne. — Afrique, Amérique, Asie, Océanie.

Campe	Histoire de la Découverte et de la Conquête de l'Amérique.
Chancy (Emm.)	L'Indépendance nationale d'Haïti.
Dubois	Mœurs, Institutions et Cérémonies des Peuples de l'Inde. 2 vol.
Geslin (Jules)	Conquêtes et Découvertes de la République des Pays-Bas dans l'Archipel indien, en Afrique, en Asie et en Amérique. 2 vol.
Marlès (de)	Histoire de l'Inde. (2 ex.)
Ménard (Théophile)	Histoire des Etats-Unis d'Amérique.

Histoire. — Archéologie.

Babelon	Manuel d'archéologie orientale.
Batissier	Eléments d'archéologie nationale.
Bertrand	Les voies romaines en Gaule.
Boissier	Promenades archéologiques.
—	Nouvelles Promenades archéologiques.
Bourassé	Esquisses archéologiques des principales églises du Diocèse de Nevers.
Daremberg et Saglio	Dictionnaire des Antiquités grecques et romaines.
Dumoutet	Mémoire s^r les stèles du f^g de Brives à Bourges.
Gaumain	Le Loir-et-Cher historique et archéologique, 1890, 1891, 1892.
Launay	Répertoire archéologique de l'arrondissement de Vendôme.
Martha	L'Archéologie étrusque et romaine.
Maspéro	L'Archéologie égyptienne.
Menant	Ninive et Babylone.
Morin	Etude historique sur Suèvres.
Papier	Lettres sur Hippone. 2 vol.
Pierquin de Gambloux	Notices historiques sur le département du Cher.
Vincens Ch.)	De l'iconographie de Sainte-Anne et de la Vierge Marie.

Histoire. — Histoire littéraire

Deltour	Histoire de la Littérature romaine.
Dupuy (Ernest)	Les Grands Maîtres de la littérature russe au XIXe siècle.

Gidel (*Charles*)	Histoire de la Littérature française depuis la fin du XVIIe siècle jusqu'en 1815. 3 vol.
—	Même ouvrage. 3 vol.
—	Même ouvrage. 3 vol.
—	Histoire de la Littérature française depuis 1815 jusqu'à nos jours.
Magnin	Les origines du théâtre antique et du théâtre moderne.
Pierron	Histoire de la Littérature romaine.
Rozan	Petites ignorances historiques et littéraires.

Paléographie

Letronc	Chartes et Diplômes de l'époque mérovingienne (incomplet)

Histoire de France. — Antiquités et Monuments

Hennin	Les Monuments de l'histoire de France. 10 v.

Histoire. — Histoire ecclésiastique. — Bibliographie

Gasparin (le comte de)	Innocent III.
Migne	Sæculum XI. Sylvestri pontificis romani opera omnia.
—	Sæculum XII. Orderici vitalis angligenæ historia ecclesiastica.

Bibliographie

Anonyme	Catalogue général des Cartulaires des Archives départementales.
Fontaine	Catalogue des livres rares et curieux de la librairie Auguste Fontaine.
Fournier (*frère*)	Nouveau Dictionnaire portatif de Bibliographie.
Laborde (*Léon de*)	Nouvelles recherches sur l'origine de l'Imprimerie.

Mélanges. — Journaux. — Revues. — Dictionnaires encyclopédiques

Anonyme	Almanach du Commerce. 1825.
—	Dictionnaire chronologique et raisonné des découvertes en France dans les sciences, la littérature, les arts, etc., de 1789 à la fin de 1820. 17 vol.
—	Dictionnaire de la Conversation et de la lecture. 137 livr.
—	Encyclopédie poétique. 15 vol.
—	Les Expositions de l'Etat en 1889 aux Invalides et au Champs de Mars. 2 vol.
—	L'Image. Année 1847.
—	La nouvelle Jérusalem, rev. religieuse. 13 liv.
—	Journal des Communes. 3 livr.
—	Journal des Connaissances usuelles 30 liv.

Anonyme	Journal des Connaissances utiles. 31 livr.
—	Journal du Dimanche (Années 1867 et 1868. incomplètes).
—	Journal du Génie civil. 1 livr.
—	La Nature, rev. des sciences (Année 1889.) 2 v. Id Id. Id. 1893.) 2 v.
—	L'Omnibus. (Années 1860, 1861, 1867 et 1868 incomplètes.
—	Réimpression de l'ancien Moniteur, de mai 1789 à novembre 1799. 30 vol. R.
—	Revue de la Belgique. 1 livr.
—	Trombinoscope. 31 numéros.
—	La Vie parisienne. (An. 1868-1869 incompl.)
Bailly de Merlieux	Encyclopédie portative (incomplète). 16 vol.
Blanc (Louis)	Le nouveau monde (Journal politique). 18 nos.
Bory de St-Vincent	Bibliothèque physico-économique (incomplet) 10 liv.
Courtin	Encyclopédie moderne, 26 vol.
Diderot	Encyclopédie. (Manque le tome 4 des planches). 57 vol.
Hautpoul (Mme d')	Encyclopédie de la jeunesse.
Karr (Alphonse)	Les Guêpes. 12 livr.
Lamartine	Le Conseiller du Peuple. (Année 1849, 1850, 1851.) 4 liasses.
Larousse	Dictionnaire universel du XIXe siècle. 17 v.
Magasin pittoresque complet de 1833 à 1888 inclus. 56 vol.	
—	Table de 1832 à 1882 inclus.
—	13 vol. de 1833 à 1845 inclus.
—	21 livraisons dépareillées d'années diverses.
Pizzetta	Dictionnaire populaire d'histoire naturelle illustré.
Renier (Léon)	Encyclopédie moderne avec complément. 39 vol. et 5 atlas.
—	Même ouvrage sans le complément. 27 vol. et 3 atlas.
Revue des Deux-Mondes. Complète de 1850 à 1894 inclus.	
Idem.	Table générale jusqu'en 1893 inclus.
Vidal de la Blache	Annales de Géographie 1 livr.

DEUXIÈME PARTIE

CATALOGUE

DES LIVRES

Provenant presque en totalité de la Bibliothèque
de M. Emile MARTIN.

(D'après la volonté du testateur, ces ouvrages ne peuvent être prêtés au dehors.)

Extrait du testament : « Les livres, imprimés et manuscrits, « cartes géographiques, brochures, plans, dessins, gravures, photographies, « ne seront jamais consultés ou lus en dehors du local de la Bibliothèque « et ne seront jamais confiés à des personnes qui mouillent leurs doigts « pour tourner les feuillets, qui plient les coins des feuillets pour les re- « connaître ou qui ne seraient pas connues comme ayant grand soin des « livres qui leur sont confiés. »

Pour se conformer à ce vœu, les personnes qui désireraient consulter quelque volume de ce Catalogue, auront à désigner à l'avance au Bibliothécaire l'ouvrage et le tome de l'ouvrage désiré, et pourront venir le lire le jeudi, de 1 heure à 4 heures. Un seul volume peut être demandé en même temps.

Il est formellement interdit de prendre des calques de gravures ou dessins.

BIBLIOTHÈQUE MARTIN.

Théologie — Ecriture sainte

Anonymes.	Les Evangiles des dimanches et fêtes de de l'année. 2 vol.
—	Le Nouv. Testament en latin et en franç. 5 vol.
—	Le Nouveau Testament.

Liturgie.

Ghetide	Livre de prières en hollandais (manuscrit). Heures.
	Heures (les présentes) ayant appartenu à Claude de France.
	Hore Beate Marie (Simon Vostre).
Jarry	Livre de prières manuscrit.

Morale

Blaise Pascal	Les Provinciales. 2 vol.

Sermons

Bourdaloue	Œuvres complètes. 16 volumes.
Massillon	Œuvres choisies. 2 vol.
—	Petit Carême, suivi de six sermons et de l'Oraison funèbre de Louis XIV.

Théologie mystique

Fénélon	Explication des Maximes des saints.
Gibon	Le dimanche en action.
	De Imitatione Christi libri quator.
	Id. (Jean Gerson).
	L'Imitation de J.-C. pharaphrasée en vers français par P. Corneille.
	L'Imitation de J.-C., traduite p^r de Marillac.
Pascal	Pensées sur la religion.
Sales (St-François de)	Introduction à la vie dévote.
Vallière (de la)	Réflexions sur la miséricorde de Dieu.

Polémique.

Bougaud (abbé)	Jésus-Christ.
Guizot	Méditations sur l'essence de la religion ch^{ne}.
Nicolas	Etudes philosoph. sur le christianisme. 4 vol.
Pajon	Examen du livre qui porte pour titre : Préjugés légitimes...
—	Idem. 2 vol.
—	Remarques sur l'avertissement pastoral.
Schouvaloff (le P.)	Ma conversion et ma vocation.

Théologie des peuples orientaux.

Mahomet	L'Alcoran.

Jurisprudence (Introduct.) **Droit de la nature et des gens**

Bentham	Traités de législation civile et pénale. 3 vol.
Comte (Charles)	Traité de législation. 4 vol.
—	Traité de la propriété. 2 vol.
Montesquieu	De l'esprit des loix. 2 vol.

Droit romain

    Corpus juris civilis. (2 ex).
    De diversis regulis juris antiqui.

Droit français ancien. — Généralités

Bornier	Ordonnance de Louis XIV sur le commerce.
Denisart	Collections de décisions nouvelles et de notions relatives à la jurisp. actuelle. 3 vol.
Pothier	Œuvres. 11 vol.
Prévost de la Jannès	Les principes de la jurisprud. franç. 2 vol.

Droit français. — Coutumes

Consuetudines generales Bituricen, Turonen ac Aurielanen.
Coustumes générales des pays et duché de Berry.
Coustumes générales du pays et conté de Blois.
Coustumes générales du pays et comté de Blois.
Coustumes de Lorris-Montargis. 2 vol.
Coustumes des duché, baillage et prévôté d'Orléans.
Coustume de la ville, prévosté et vicomté de Paris.

Droit français nouveau

Dalloz	Jurisprudence générale. 99 vol.
Teulet	Les codes de l'Empire français.

Droit français. — Code civil.

Lemaire (Ernest)	Droit romain : de la nécessité d'instituer ou d'exhéréder, et Droit français : des donations et de la quotité dispon. entre époux.
Toullier	Le Droit civil français. 15 vol.
Troplong	Le Droit civil expliqué. 28 vol.

Droit français. — Code de procédure.

Carré	Les lois de la procédure civile. 2e édit. 3 vol.
—	Idem. 3e édit. 6 vol.
Dalloz	Code de procédure civile annoté et expliqué.

Droit français. — Code de commerce

Dalloz	Code de commerce annoté et expliqué.

Droit français

Henrion de Pansey De la compétence des juges de paix.

Sciences philosophiques

Anonyme	La Morale en diction.
Arnauld et Nicole	La logique ou l'art de penser.
Bacon	Œuvres philosophiques, morales et politiq.
Bastiat	Harmonies économiques.
—	Sophismes économiques.
De Beaumont et Tocqueville	Système pénitentiaire aux Etats-Unis.
Blanqui	Des classes ouvrières en France pendant l'année 1848.
Charron	De la Sagesse. (2 ex.)
Chevalier (Michel)	Cours d'économie politique.
Cicéron	De officiis, de senectute, de amicitia, etc.
Comte de Paris	Les associations ouvrières en Angleterre.

Condillac	Le commerce et le gouvernement.
Courier (P. L.)	Pamphlets politiques et littéraires. 2 vol.
Cousin	Du vrai, du beau et du bien.
Descartes	Œuvres choisies.
—	Lettres. 3 vol.
Droz (Joseph)	Essai sur l'art d'être heureux.
Fénelon	Education des filles. (2 ex.)
De Gérando	Le visiteur des pauvres.
Helvetius	Traité de l'esprit. 2 vol.
La Bruyère	Les caractères de Théophraste. (2 ex.)
Lacretelle	Logique, métaphysique et morale. 4 vol.
La Rochefoucauld	Œuvres complètes.
—	Réflexions ou sentences et maxim. morales.
—	Même ouvrage.
Le Play	La Réforme sociale en France.
Lock et Leibnitz	Œuvres.
Machiavel	Œuvres politiques.
Malthus	Essai sur le principe de population.
Martin (Aimé)	Education des mères de famille.
Monaco (Prince de)	Du paupérisme en France et des moyens de le détruire.
Montaigne	Essais. 2 vol.
—	Essais.
—	Essais. 6 vol.
Moustalon	Le lycée de la jeunesse. 2 vol.
Nadault de Buffon	Notre ennemi le luxe.
—	Les temps nouveaux.
Naigeon, L. du Marsais	Encyclopédie. Philosophie ancienne et moderne. 6 vol.
Reybaud (Louis)	Etudes sur les réformateurs ou socialistes modernes, 2 vol.
Rossi	Cours d'économie politique. 2 vol.
Rousseau (J.-J.)	Discours qui a remporté le prix à l'académie de Dijon.
—	Emile. 4 vol.
(Say J.-B.)	Traité d'économie politique.
—	Mélanges et correspon^{dance} d'économ. politiq.
—	Œuvres diverses.
Senault	De l'usage des passions.
Tory	Politiques de Plutarche.
Vauvenargues	Œuvres complètes. 3 vol.
—	Introduction à la connaissan^{ce} de l'esp. hum.
Vigny (de)	Servitude et grandeur militaires.

Sciences physiques et chimiques

Boccone	Museo di Fisica.
Coulier	Manuel pratique de microscopie.

Sciences naturelles. — Généralités

Buffon	Œuvres complètes. 28 vol.
Lacépède	Histoire natur. des quadrupè^{des} ovipares. 2 v.
D'Orbigny	Dictionnaire universel d'histoire natur. 16 v.
Plinius	C. Plinii secundi historiæ mundi lib. XXXVII.

Sciences naturelles. Généralités. Sciences physiques.

Fredol — Le Monde de la Mer.
Humboldt (baron de) Cosmos. 4 vol.
Linné — Systema naturæ.
Martins (Charles) Du Spitzberg au Sahara.
Pascal (Blaise) Traité de l'équilibre des liqueurs.
Worm — Museum Wormianum.

Géologie. — Minéralogie.

D'Aubuisson de Voisin et Burat Traité de Géognosie. 3 vol.
Beaumont (Elie de) Leçons de géologie pratique.
Beudant Cours élémentaire d'histoire naturelle.
Cuvier Discours sur les révolutions de la surface du globe.
Dufresnoy Mémoires pour servir à une description géologique de la France. 4 vol.
Mazure Etudes sur les terrains agric^{oles} de la Sologne.

Botanique. — Généralités
Dictionnaires. Recueils périodiques.

Actes des Congrès internationaux de Botanique.
Baillon Dictionnaire de botanique. 4 vol.
Bonnier Revue générale de botanique. 2 vol.
Bulle^{tin} de la Société botanique de Fran^{ce}. 39 v.
Bulliard Dictionnaire élémentaire de botanique.
Congrès de la Société scientifiq. de France.
Jussieu Discours sur le progrès de la botanique.
Lamarck et Poiret Encyclopédie méthodique. Botanique. 13 v.
— Tableau encyclopédique. Botanique 6 vol.
Lecoq et Juillet Dictionnaire raisonné des termes de botaniq.
Linné Termini botanici explicati.
Pritzel Thesaurus litteraturæ botanicæ. 2 ex.
— Iconum botanicarum index.
Stendel Nomenclator botanicus. 2 vol.

Traités élémentaires. — Organographie et Physiologie

Bonnier Eléments de botanique.
Candolle (Alph. de) Introduction à l'étude de la botanique. 2 v.
Figuier (Louis) Histoire des plantes.
Fournier (Eug) De la fécondation dans les phanérogames.
Germain Saint-Pierre Guide du botaniste. 2 vol.
Jussieu (Adrien de) Cours élément. d'histoire natur^{le}. Botanique.
Le Maoût Leçons élémentaires de Botanique.
Lestiboudois Botanographie élémentaire.
Linné Philosophia botanica.
Mirbel Eléments de physiologie végétale et de botanique. 3 vol.
Richard (Achille) Nouveaux éléments de botanique et de physiologie végétale.
Sachs Traité de botanique.

Flores générales. — Systèmes de classification

Adanson Famille des plantes.

Bauhin (Gaspard)	Pinax theatri botanici.
—	Prodomoi theatri botanici.
Beutham et Hooker	Genera plantarum ad exemplaria. 4 vol.
Buck	Genera species et synonyma Candolleana 3v.
Candolle (Aug. Pyrame de)	Regni vegetalis systema naturale. 2 vol.
—	Prodromus systematis naturalis regni vegetabilis. 20 vol.
Candolle (Alph. et Casimir de)	Monographiæ phanerogamarum prodromi. 7 vol.
Dalechamps	Historiæ generales plantarum. 2 vol.
Dodart	Mémoires pr servir à l'histoire des plantes.
Dodoens	Remberti dodonaei melchiliensi medici cœsarei stirpium historiæ.
Durante	Herbario di Castore Durante.
Endlicher	Genera plantarum secund. ordines naturales.
Jussieu (Laurent de)	Genera plantarum.
Kunth	Enumeratio plantarum omnium. 6 vol.
Linné	Systema vegetabilium.
—	Classes plantarum.
—	Genera plantarum. (1743).
—	Genera plantarum. (1764).
—	Genera plantarum. (1778).
—	Species plantarum. (1753).
—	Species plantarum (1762-1763.) 2 vol.
—	Mantissa plantarum altera generum. 2 vol.
—	Supplementum plantarum systematis vegetabilium.
Lobelius	Plantarum seu stirpium historia.
Michelius	Nova plantarum genera.
Morison	Plantarum historiæ univers. oxoniensis. 2 v.
Raius	Methodus plantarum nova brevitatis.
Reneaulme	Specimen historiæ plantarum.
Ruelle	De natura stirpium.
Sprengel	Antiquitatum botanicarum specimen.
Tournefort	Institutiones rei herbariæ. 3 vol.
Ventenat	Tableau du règne végétal. 4 vol.
Walpers	Repertorium botanices systematicæ. 6 vol.
—	Annales botanices systematicæ. 7 vol.

Flores d'Europe

Boissieu	Flore d'Europe. 2 vol.
Gilibert	Histoire des plantes d'Europe. 2 vol.
Jordan et Fourreau	Breviarium plantarum novarum.
Nyman	Conspectus floræ Europæ. 2 vol.
—	Idem (Supplément.) 2 vol.

Flores d'Europe ou de parties de l'Europe comprenant plusieurs pays.

Barrelier	Plantæ per Galliam, Hispaniam et Italiam observatæ.
Billot	Annotat. à la flore de France et d'Allemagne.
Boccone	Icones et descriptiones rariorum plantarum Siciliæ, Mélitæ, Galliæ et Italiæ.

— 70 —

Camus (E.-G.)	Catalogue des plantes de France, de Suisse et de Belgique.
Koch	Synopsis floræ Germanicæ et Helveticæ.
Reichenbach	Flora germanica excursoria ex affinitate. 2 v.

Fleurs d'Europe. — France

Bulliard	Histoire des plantes vénéneuses et suspectes de la France.
Grenier et Godron	Flore de France. 3 vol.
Jordan	Observations sur plusieurs plantes nouvelles, rares ou critiques de la France. 2v.
—	Diagnoses d'espèces nouvel. ou méconnues.
Lamarck et de Candolle (Pyr.)	Synopsis plantarum in florâ gallicâ descriptarum.
—	Flore française. 6 vol.
Lamarck et Duby	Augusti Pyrami de Candolle Botanicum gallicum. 2 vol
Loiseleur-Deslonchamps	Flora gallica. 2 vol.
—	Notices sur les plantes à ajouter à la flore de France.
Rouy et Foucaud	Flore de France.
Rouy	Suites à la flore de France de Grenier et Godron.

Fleurs d'Europe. — France. — Flores régionales

Ardoins	Flore analytiq. du dép. des Alpes-Maritimes.
Arrondeau	Flore Toulousaine.
Balbis	Flore Lyonnaise. 3 vol.
Batard	Essai sr la flore du départ. de Maine-et-Loire.
Berher	Catalogue des plantes vasculaires du département des Vosges.
Bentham	Catalogue des plantes indigènes des Pyrénées et du bas Languedoc.
Besnou	Flore de la Manche.
Blanche et Maillebranche	Catalogue des plantes cellulaires et vasculaires de la Seine-Inférieure.
Bonnet	Petite flore parisienne.
Boreau	Flore du centre de la France et du bassin de la Loire. 2 vol.
Bras	Catalogue des plantes vascul. de l'Aveyron.
Brebisson	Flore de Normandie.
Carion	Catalogue des plantes de Saône-et-Loire.
Castagne	Catalogue des plantes des Bouches-du-Rhône
Chevallier (F.-F.)	Flore générale des environs de Paris. 3 vol.
Clavand	Flore de la Gironde.
Cosson, Germain et Weddel	Introduction à une flore analytique des environs de Paris.
—	Flore descriptive et analytique des environs de Paris. 2 vol.
—	Atlas de la flore des environs de Paris.
Cosson, Germain de St-Pierre	Synopsis analytique de la Flore des environs de Paris.

Cosson et Germain de St-Pierre   Flore des environs de Paris.
Delarbre   Flore d'Auvergne.
—   Flore de la ci-devant Auvergne. 2 vol.
Delastre   Flore analytique et descriptive de la Vienne.
Delaunay   Catalog. des plantes vascul. d'Indre-et-Loire.
Desportes   Flore de la Sarthe et de la Mayenne.
Desvaux   Flore de l'Anjou.
—   Observat. sur les plantes des envir. d'Angers.
Diard   Catalogue des plantes qui croissent naturellement à Saint-Calais et ses environs.
Dubois   Méthode éprouvée... ou flore d'Orléans.
Durante   Flore de Bourgogne. 2 vol.
Franchet   Flore de Loir-et-Cher.
Garidel   Histoire des plantes qui naissent aux environs d'Aix en Provence.
Girard   Flora Gallo provincialis.
Godron   Flore de Lorraine. 2 vol.
Gouan   Flora Montpeliaca.
Graves   Catalogue des plantes observées dans le département de l'Oise.
Grenier (Charles) Flore de la chaîne Jurassique.
—   Florule exotique des environs de Marseille.
Gustave (frère) Clef analytique de la flore d'Auvergne.
Gustave et Héribaud Flore d'Auvergne.
Jullien Crosnier Catalogue des plantes vasculaires du département du Loiret.
Kirschleger   Flore Vogeso-Rhenane. 2 vol.
Lagrèze-Fossat Flore de Tarn-et-Garonne.
Lambertye   Catalogue raisonné des plantes vasculaires du département de la Marne.
Lamotte   Prodrome de la flore du plateau central de la France.
Lamy   Flore de la Haute-Vienne.
La Peyrouse   Histoire abrégée des plantes des Pyrénées.
—   Supplément à l'histoire abrégée des plantes des Pyrénées.
—   Figures de la Flore des Pyrénées.
La Terrade   Flore bordelaise.
La Tourette   Voyage au mont Pilat.
—   Chloris Lugdunensis.
Lecoq et Lamotte Catalogue raisonné des plantes vasculaires du plateau central de la France.
Lefèvre (Edouard) Botanique du dép. d'Eure-et-Loir.
Lefrou et Blanchet Catalog. des plantes qui croissent spontan, dans le dép. de Loir-et-Cher, sous la rubrique : Congrès scientif. de France (1836).
Legrand (Antoine) Statistique botanique du Forez.
—   Flore analytique du Berry (dép. Indre et Cher)
—   Notices biographiques et bibliographiques pour l'histoire de la botanique en Berry.
—   Flore analytique du Berry (2ᵉ édit.)
Legué   Catalogue des plantes vasculaires qui croissent natur^t d. le cant. de Montdoubleau.

Le Jolis	Plantes vasculaires des envir. de Cherbourg.
Lindern	Hortus Alsaticus.
Lloyd (James)	Flore de l'ouest de la France.
—	Idem. (3ᵉ édit).
Lorey et Duret	Flore de la Côte-d'Or. 2 vol.
Loret et Barraudon	Flore de Montpellier. 2 vol.
Magnol	Botanicum Monspelience.
Mapp	Historiæ plantarum alsaticarum.
Marsilly	Catalogue des plantes vasculaires indigènes ou généralement cultivées en Corse.
Martin (Emile)	Catalogue des plantes vasculaires des environs de Romorantin (1ʳᵉ édit.)
—	Idem. (2ᵉ édit.)
Martrin-Donos	Florule du Tarn.
Masclef	Catalogue raisonné des plantes vasculaires du départ. du Pas-de-Calais.
Mérat	Nouvelle flore des environs de Paris.
Michalet	Histoire naturelle du Jura et des dép. voisins.
Moulins (des)	Catalogue raisonné des phanérogames de la Dordogne.
Mutel	Flore du Dauphiné. 2 vol.
Noulet	Flore analytique de Toulouse.
Pauquy	Statistique botanique ou flore du départ. de la Somme et des env. de Paris.
Pérard	Catalogue raisonné des plantes de l'arrond. de Montluçon.
Perreymond et Robert	Plantes phanérogames des env. de Fréjus, de Toulon, de Brignoles.
Philippe	Fore des Pyrénées. 2 vol.
Poiteau et Turpin	Flore parisienne.
Pouzolz (de)	Flore du départ. du Gard. 2 vol.
Puel	Catalog. des plantes vascul. du dép. du Lot.
Ravin	Flore de l'Yonne.
Renault (P. A.)	Flore du départ. de l'Orne.
Renauld (F.)	Aperçu phytostatique sur le départ. de la Haute-Saône.
Rochebrune et Savatier	Catalogue des plantes phanérogames du départ. de la Charente.
St-Amans	Flore agenaise.
St-Hilaire (A. de)	Notice sur 70 espèces trouv. dans le Loiret.
Sauzé et Maillard	Flore du départ. des Deux-Sèvres. 3 vol.
Thore	Essai d'une chloris du départ. des Landes.
Thuillier	La flore des environs de Paris.
Timbal-Lagrave	Reliquiæ Pourretianæ.
Tournefort	Histoire des plantes qui naissent aux environs de Paris.
Tournon	Flore de Toulouse.
Tristan	Mémoire sur la situation botanique de l'Orléanais, etc.
Vaillant	Botanicon Parisiense.
Vallot	Essai sur la flore du pavé de Paris.
Verlot	Catalogue raisonné des plantes vasculaires du Dauphiné.

Vicq et Blondin de Brulelette	Catalogue raisonné des plantes vasculaires du départ. de la Somme.
Villars	Histoire des plantes du Dauphiné. 3 vol.
Zetterstcd	Plantes vasculaires des Pyrénées principales

Flores d'Europe. — Espagne

Boissier (Edmond)	Voyage botaniq. d= le midi de l'Espagne. 2 v.
Clusius	Rariorum aliquot stirpium per Hispanias observatarum historia.
Coincy (Aug. de)	Ecloga plantarum hispanicarum.
Marès et Vigineix	Catalogue raisonné des plantes vasculaires des Iles Baléares.
Willkomm et Lange	Prodromus floræ Hispanicæ 4 vol.
Willkomm	Illustrationes floræ Hispanicæ insularumque Balearium.

Flores d'Europe. — Italie. Dalmatie. Suisse.

Allioni	Flora Pedemontana. 3 vol.
Bertoloni	Flora Italica. 10 vol.
Gaudin	Etrennes de Flore.
Moris	Flora Sardoa. 4 vol.
Parlatore et Caruel	Flora italiana. 10 vol.
Pontedra	Compendium tabularum botanicarum.
Visiani	Flora dalmatica. 3 vol.

Flores d'Europe. — Angleterre, Allemagne, Autriche-Hongrie.

Crantz	Stirpium austriacarum.
Host	Flora austriaca. 2 vol.
Pollich	Historia plantarum in Palatinatû elect. 3 v.
Smith	Flora britannica. 3 vol.
Wohlinberg	Flora Carpatorum principalium.
Waldstein et Kitaibel	Descriptiones et icones plantarum rariorum Hungariæ. 3 vol.

Flores d'Europe. — Suède, Russie, Grèce.

Fries	Summa vegetabilium Scandinaviæ.
Linné	Flora Lapponica (1737).
—	Même ouvrage (1792.)
—	Flora Svecica.
Marschall et Bieberstein	Flora Taurico-Caucasica. 3 vol.
Sibthorp et Smith	Floræ græcæ prodromus. 2 vol.
Wahlenberg	Flora Upsaliensis.

Flores d'Asie.

Boissier (Edm.)	Flora orientalis. 6 vol.
Burmann	Thesaurus zeylanicus.
Dumont d'Urville	Enumeratio plantarum quas in insulis Archipelagi aut littoribus Ponti Euxini.
Forskal	Flora Ægyptiaco-Arabica.
Franchet	Plantæ Davidianæ et ex sinarum imperio. 2 v.
—	Plantæ Delavayanæ, recueillies au Yunnan. 2 vol.
—	Catalogue des plantes recueillies aux environs de Tché-Fou.

Franchet et Savatier   Enumeratio plantarum in Japonia. 2 vol.
La Billardière   Icones plantarum syriæ.
Linné   Flora Zeylanica.
Loureiro (de)   Flora Cochinchinensis. 2 vol.
Siebold et Zuccharini   Flora Japonica. 2 vol.
Thunberg   Flora Japonica
Savatier   Botanique Japonaise.

Flores d'Afrique.

Barker-Webb et Berthelot   Histoire naturelle des îles Canaries. 6 v.
Bory de St-Vincent   Atlas de l'exploration scientifique de l'Algérie (le texte manque).
Cosson   Compendium floræ atlanticæ
—   Illustrationes floræ atlanticæ. 2 vol.
Desfontaines   Flora atlantica. 2 vol.
Munby   Flore de l'Algérie.

Flores d'Amérique et d'Océanie.

Aublet   Histoire des plantes de la Guyane franç. 4 v.
Brown   Prodromus floræ Novæ Hollandiæ et insulæ Van-Diemen.
Desvaux   Cyperaceæ Chilenses. 2 vol.
Kunth   Synopsis plantarum ad plagam æquinoctialem, etc. 4 vol.
Michaux   Flora boreali americana. 2 vol.
Plumier (le père)   Description des plantes de l'Amérique.
—   Traité des fougères de l'Amérique.

Monographies.

Camus (M.-E.-G.) Monographie des orchidées de France.
De Candolle (A. Pyr) et Redouté Plantarum historia succulentarum. 2 v.
De Candolle (A. Pyr) Astragologia nempe astragali. Biserrulæ, etc.
Cornu (Maxime) Monographie des saprolégniées.
Delaroche   Eryngiorum nec non generis novi alepideæ historia.
Descourtilz   Des champignons comestibles, suspects et vénéneux. 1 vol. et 1 atlas.
Duhamel du Monceau Traité des arbres fruitiers. 2 vol.
Du Petit-Thouars   Histoires particulières des plantes orchidées dˢ îles de France, Bourbon et Madagascar.
Duval-Jouve   Histoire naturelle des equisetum de France.
Fournier (Eug.)   Recherches anatomiques et taxonomiques sur les crucifères.
Franchet   Essais sur les espèces du genre verbascum du centre de la France.
Fries   Hymenomicetes Europæi.
—   Simbolæ ad historiam hieraciorum.
—   Epicrisis generis hieraciorum.
Hammar   Monographia generis fumariarum.
Hooker and Baker   Synopsis filicum.
Kaulfuss   Enumeratio filicum.
Krombholz   Ouvrage allemand sur les champignons. 2 v.
Kunze   Die Farrnkrauter in kolorirten abbildungen. 1 vol. et 1 atlas.

— 75 —

Lehmann	Revisio potentillarum.
Milde	Filices Europæ et Atlantidis, Asiæ minoris et Sibiriæ.
Motelay et Vendryès	Monographie des isoetæ.
Nestler	Monographia de potentillæ.
Palissot-Beauvois	Prodrome des 5e et 6e fam^{les} de l'æthéogamie.
Parlatore	Monographia delle fumarice.
Presl	Tentamen pteridographiæ.
Pronville (de)	Monographie du genre rosier.
Rœper	Enumeratio euphorbiarum.
Scheuchzer	Agrostographia sive graminum, juncorum.
Schkuhr	Vier und zwanzigste klasse linneischen. 2 v.
Schwartz	Synopsis filicum.
Spring	Monographie de la famille des lycopodiacées.
Stendel	Synopsis plantarum glumacearum.
Stenberg (de)	Revisio saxifragarum.
Vaucher	Monographie des orobanches.
Wallman	Essai d'une exposition systématique de la famille des characées.
Vildenow	Index alphabeticus filicum.

Recueils de figures de plantes

Boissier (Edmond)	Icones euphorbiarum.
Boupland	Description des plantes rares cultivées à la Malmaison et à Navarre.
Bulliard	Herbier de France. 5 vol.
et Letellier	Figures des champignons servant de supplément à Bulliard. 1 vol.
De Candolle (Aug. Pyr.)	Icones plantarum galliæ rariorum nempe incertarum.
Etingshausen et Pokorny	Physiotypia plantarum austriacarum. 6 v.
Les Fougères :	Choix des espèces les plus remarquables. 2 v.
Haller	Icones plantarum Helvetiæ.
Jacquin	Icones plantarum rariorum. 3 vol.
Jaubert et Spach	Illustrationes plantarum orientalium. 5 vol.
De Lessert	Icones selectæ. 5 vol.
Plukenet	Phytographia sive stirpium illustriorum. 4 v.
Redouté	Les liliacées. 8 vol.
—	Les roses. 1 vol.
—	Choix des plus belles fleurs.
Reichenbach	Icones floræ germaniæ. 15 vol.
Rousseau (J.-J.)	La botanique.
Ventenat	Descrip. des plantes nouv^{elles} ou peu connue^s.

Collection des plantes des jardins, des musées.

Brunyer	Hortus regius blesensis.
Commelin (Johan)	Horti medicis Amstelodamensis (1697).
Commelin (Casparus)	Horti medici Amstelodamensis (1701).
Desfontaines	Tableau de l'Ecole de botanique du Muséum d'histoire naturelle.
Lasègue	Musée botanique de M. Benjamin de Lessert.
Morison	Hortus regius blesensis.

Ortega	Novarum aut rariorum plantarum horti reg. boton.
Tilli	Catalogus plantarum horti pisani.

Géographie. — Botanique.

Barral	Précis de l'histoire de la botanique suivie de la géographie botanique.
Candolle (Alph. de)	Géographie botanique raisonnée. 2 vol.
Grisebach et de Tchihatchef	La végétation du globe d'après sa disposition suivant les climats. 2 vol.
Parlatore	Etudes sr la géographie botaniq. de l'Italie.

Voyages botaniques.

Candolle (Aug.Pyr. de)	Rapports de six voyages botaniques et agronomiques en France.

Botanique appliquée

Bossu	Traité des plantes médicinales indigènes. 2 v.
Candolle (Aug.Pyr. de)	Essai sr les propriétés médical. des plantes.
Chaumeton, Chambert et Poiret	Flore médicale 8 vol.
Crescentiis (de)	Ruralium commodorum libri 12.
Estienne (Charles)	Prædium rusticum.
Linné	Caroli Linnæi épistolæ.
	Maison rustique du XIXe siècle. 5 vol.
Mangin	Les plantes utiles.
Mathiolus	Petri Andreæ Mathioli senensis commentarii
La Médecine des Familles :	Traité des propriétés médicinales des plantes indigènes.
Robin	Histoire naturelle des végétaux parasites qui croissent sur l'homme.

Sciences naturelles. — Zoologie. — Sciences médicales.

Cornu (Maxime)	Etudes sur le phylloxera vastatrix.
Milne-Edwards	Anatomie et physiologie animales.
Phylloxera vastatrix :	Mémoires présentés à l'Académie des sciences par divers.
—	Extraits des comptes rendus des séances de l'Académie des sciences.

Sciences médicales. — Anatomie. — Hygiène. — Pathologie.

Bonamy, Broca et Beau	Atlas d'anatomie descriptive du corps humain. 4 v.
Hirschfeld	Traité et iconographie du système nerveux. 1 vol. et 1 atlas.
Hippocrate	Hippocratous aphorismoi.
Villanovani	Praxis medicinalis.

Sciences mathématiques. — Mécanique

Biot	Essai de géométrie analytique.
Condillac	La langue des calculs.
	Dictionnaire des jeux mathématiques.

Lacroix, Reynaud	Traité élémentaire d'arithmétique et notes sur l'arithmétique.
Legendre	Eléments de géométrie.
Papin (Denis)	La manière d'amolir les os, etc.

Sciences mathématiques. — Astronomie

Bureau des Longit. Annuaires 1830, 1833, 1835, 1868, 1889, 1893.

Flammarion	Astronomie populaire.
Fontenelle	Entretiens sur la pluralité des mondes.

Appendice aux sciences. — Philosophie occulte

	Discours véritable sur le faict de Marthe Brossier, de Romorantin.
	Traité des énergumènes.

Sciences et Arts. — Beaux-Arts

Anonyme	Inventaire général des richesses d'art de la France. 11 vol. (bibliothèque commun.)
Barré et Roux	Herculanum et Pompéï. 8 vol.
Blanc	Grammaire des arts du dessin.
Blanchelon	Vues pittoresques des princip. châteaux. 2 v.
Bourrassé	Les plus belles églises du monde.
Clouet	Recueil de 301 portraits de personnages de la cour de François 1er. 2 vol.
Firmin-Didot	Essai typographique et bibliographique sur l'histoire de la gravure sur bois.
Havard (Henri)	Dictionnaire de l'ameublement et de la décoration. 4 vol (bibliothèque commun.)
Gavarni	Le Diable à Paris. 2 vol.
—	Œuvres choisies. 2 vol.
—	Masques et visages.
Petit	Châteaux de la vallée de la Loire.
Petitot	Les émaux du Musée du Louvre. 2 vol.
Renouvier	Des gravures sur bois dans les livres de Simon Vostre.
Sauvageot	Palais, châteaux, hôtels et maisons de France. 2 vol.
Storelli	Notice historique et chronologique sur les châteaux du Blaisois.

Beaux-Arts. — Reliure.

Lenormand	Nouveau manuel complet du relieur en tout genre.
Marius Michel	La Reliure française.
—	La Reliure française commerciale et industrielle.

Ouvriers relieurs : La reliure aux expositions de l'industrie.

Sciences et Arts. — Arts mécaniques. — Art culinaire

Brillat-Savarin	Physiologie du goût.

Sciences et Arts. — Arts mécaniques — Prestidigitation

Robert-Houdin	Comment on devient sorcier.

Sciences et Arts. — Exercices gymnastiques. — Sport

Gérard (Jules)   La Chasse au lion.

Belles-Lettres. — Linguistique.

Alberti   Nouveau dictionnaire français-italien et italien-français. 2 vol.
—   Dictionnaire des synonymes français.
Estienne (Henri)   Projet du livre intitulé de la Précellence du Langage français.
—   Traité de la conformité du langage français avec le grec.
Estienne (Robert)   Traité de la Gramaire française.
Genin   Récréations philologiques. 2 vol.
Guéroult   Grammaire française.
Jaubert   Vocabulaire du Berry.
Lancelot   Le jardin des racines grecques.
Lauri   Nouveau dictionnaire français-italien et italien-français.
Légouvé (Ernest)   L'art de la lecture.
Martelli   Cours de langue italienne.
Nisard   Curiosités de l'étymologie française.
Richelet   Dictionnaire de la langue française. 2 vol.
Vergani   Grammaire italienne.
—   Grammaire anglaise.

Belles-Lettres. — Rhéteurs. — Orateurs grecs & latins

Démosthène et Eschine   Œuvres complètes.
Quintilianus   Institutionum oratoriarum libri XII.

Belles-Lettres. — Rhéteurs. — Orateurs.

Bossuet   Oraison funèbre de Henriette-Anne d'Angleterre, duchesse d'Orléans.
—   Oraison funèbre de Michel le Tellier.
—   Oraison funèbre du grand Condé.
—   Oraison funèbre de Henriette-Marie de France, reine de la Grande Bretagne.
—   Oraison funèbre de Louis de Bourbon, prince de Condé.
—   Oraison funèbre de Marie-Térèse d'Autriche.
—   Recueil d'oraisons funèbres.
—   Oraisons funèbres.
Cormenin   Livre des orateurs par Timon.
Fléchier   Oraisons funèbres.
—   Oraison funèbre de Henri de la Tour d'Auvergne.
Mirabeau   Discours et opinions. 3 vol.

Belles-Lettres. — Poésies. — Poëtes grecs

Anacréon   Anacreontos.
Homère   Ilias (grec et latin.)
—   Odyssea   id.
—   L'Iliade.
—   L'Odyssée.

Musée   Hero et Léandre

Poëtes latins

Catulli, Tibulli et Propertii Opera.
Horatius   Quinti Horatii Flacci Opera 2 vol. (2 ex.).
—   Opera omnia.
—   Quinti Horatii Flacci opera.
—   Les œuvres d'Horace.
Juvénal et Perce Œuvres.
Lucain   Œuvres.
Lucrèce   De rerum natura.
Ovidius   Metamorphoseon libri XV (manuscrit.)
—   Opera. 3 vol.
Phædrus et Syrus Phædri Fabulæ et Publii Syri sententiæ.
Virgilius   Opera.
—   Bucolica, Georgica et Æneis (1757)
—   Bucolica, Georgica et Æneis (1798)
—   Bucolica, Georgica et Æneis (1822)
—   Carmina omnia.

Belles-Lettres. — Poésies — Poëtes français.

Maitre Adam   Le Vilebrequin.
—   Les Chevilles
Aubigné (d')   Les Tragiques.
Barbier   Iambes et poèmes.
Bellay (Joachim du)   Les œuvres françaises.
Belleau   Œuvres complètes. 3 vol.
Berchoux   La Gastronomie.
Boileau-Despréaux   Œuvres diverses. 2 vol. (2 ex.)
—   Œuvres. 2 vol.
—   Œuvres. 4 vol.
Boufflers   Œuvres.
Cailly (Jacq. de)   Petites poésies diverses.
La Chanson de Roland et le roman de Roncevaux.
Chapelle et Bachaumont Voyage de Chapelle et de Bachaumont.
Chaulieu (de)   Œuvres diverses.
Colardeau   Chefs d'œuvre. 2 vol.
Collerye   Œuvres.
Coppée   Poëmes modernes.
—   Le reliquaire.
Coquillart   Œuvres. 2 vol.
Desportes   Œuvres.
Gresset   Œuvres complètes. 2 vol.
—   Guirlande de Julie.
Hugo   Les Orientales : les feuilles d'Automne.
Labé (Louise)   Œuvres.
Lamartine   Harmonies poétiques.
—   Méditations poétiques.
—   Jocelyn. 2 vol.
—   Harmonies poétiques et religieuses. 2 vol.
—   Nouvelles méditations poétiques.
—   Méditations poétiques.
Laprade (de)   Pernette.

La Sablière (de) Madrigaux.
La Vigne (Casimir de) Œuvres complètes. 4 vol.
Lesné La Reliure.
Loret La Muse historique. 4 vol.
Lorris (de et Jehan de Meung Le Roman de la Rose. 4 vol.
— Idem. 5 vol.
Malherbe Œuvres.
Marot Œuvres. 2 vol.
Martin (Félix) Dithyrambes.
Mazuyer Vers de jeunesse.
Meschinot Les lunettes des princes.
Millevoye Poésies.
Moreau (Hégésip.) Chansons, contes, poésies diverses.
Musset Premières poésies.
Orléans (Ch. d') Poésies complètes. 2 vol.
Parny Œuvres.
Petits Poètes français depuis Malherbe. 2 vol. comprenant :
Bernard (Gentil), — de Bernis, — Bertin, — de Bonnard, Chaulieu, — A. Chénier, — M.-J. Chénier, — Colardeau, — Deshoulières, — Dorat, — Ducis, — Florian, Gilbert, — Gresset, — Houdart de Lamotte, — Imbert, La Fare, — Laharpe, — Lebrun — Lefranc de Pompignan, — Legouvé, — Lemierre, — Léonard, — Luce de Lancival, — Malfilâtre, — Marmontel, — Millevoye, Parny, — Piron, — Racan, — Racine (Louis), — St-Lambert, — Segrais, — Sénecé, — Vergier.
Périers (des) Cymbalum mundi.
Racan Odes sacrées.
Regnier Œuvres complètes.
Ronsard Œuvres complètes. 8 vol.
Rousseau (J.-B.) Odes, cantates, épitres et poésies diverses.
Sénecé Œuvres choisies. 2 vol.
Théophile Œuvres complètes. 2 vol.
Verdier (du) Les Omonimes.
Villon Œuvres complètes.

Fables et Contes

Chevigné (de) Les Contes rémois.
Florian Fables.
Jacquier Petit recueil de fables.
La Fontaine Fables choisies et mises en vers. 5 vol.
— Idem. 4 vol.
— Fables, illustrées par Grandville. 2 vol.
— Fables, illustrées par G. Doré.
— Contes et nouvelles en vers. 2 vol.

Chansons.

Basselin Vaux de Vire.
Béranger Œuvres complètes. 3 vol.
— Chansons inédites.
— Chansons morales et autres.
Bible (la Grande) des Noëls.
Chants et chansons popul. de la France. 3 v.
Nadaud (Gustave) Chansons.

Belles-Lettres. — Poésies. — Poëtes étrangers.

Arioste	Roland furieux.
Byron	Œuvres complètes.
Camoëns	Les Lusiades.
Dante Alighieri	La Divina Comédia.
—	La Divine Comédie.
Klopstock	La Messiade.
Milton	Le Paradis perdu.
Torquato Tasso	La Gerusalemme liberata. 2 vol.
—	La Jérusalem délivrée.
Young	Les Nuits. 2 vol.

Poëtes dramatiques grecs.

Aristophane	Comédies. 2 vol.
Eschyle	Théâtre.
Euripide	Tragédies. 2 vol.
Sophocle	Œdipe roi.
—	Œdipe à Colonne.
—	Antigone.
—	Philoctète.
—	Electre.
—	Ajax.
—	Les Trachiniennes.

Poëtes dramatiques latins.

Plautus (M. Accius)	Ex Plauti comediis XX.
Terentius	Publii Terentii Afri comœdiæ.

Belles-Lettres. — Art dramatique français.

Allainval	Répertoire du théâtre français.
Augier	Le fils de Giboyer.
Barthe	Répertoire du théâtre français.
Bayard (Emile)	Estampes pour les œuvres de Molière.
Beaumarchais	Le Barbier de Séville.
—	Le Mariage de Figaro.
De Belloy	Répertoire du théâtre français.
Boursault	Idem.
Brueys	Idem.
De Caux	Idem.
Champfort	Idem.
Chateaubrun	Idem.
Claretie	Monsieur le Ministre.
Campistron	Répertoire du théâtre français.
Collé	La partie de chasse de Henri IV.
Collin d'Harleville	Répertoire du théâtre français. 2 vol.
Corneille (Pierre)	Théâtre (1664) 2 vol.
—	Id. (1668). 4 vol.
—	Id. (1795-1796). 10 v.
—	Horace.
—	Cinna.
—	La mort de Pompée.
—	Le Cid.
—	Théâtre (1682). 4 vol.

Crébillon	Répertoire du Théâtre français. 3 vol.
—	Œuvres. 2 vol.
Dancourt	Répertoire du Théâtre français. 3 vol.
Destouches	Idem. 2 vol.
Diderot	Œuvres. 2 vol.
Dorat	Répertoire du Théâtre français.
Duché	Idem.
Dufresny	Idem.
Fagan	Idem.
Feuillet	Scènes et proverbes. 2 vol.
	Galerie historique des portraits des comédiens de la troupe de Molière.
Garnier	Les Tragédies.
Goldoni	Répertoire du Théâtre français.
Guimond de la Touche	Idem.
Guyot de Merville	Idem.
Hauteroche (de)	Idem.
Hugo (Victor)	Hernani.
Jodelle	Œuvres et meslanges poétiques.
Labiche et Delacour	La Cagnotte.
Lafosse	Répertoire du Théâtre français.
Lagrange de Chancel	Idem.
Laharpe	Idem.
Lanoue	Idem.
L'Aricey	Les Comédies facétieuses.
Lefranc de Pompignan	Répertoire du Théâtre français.
Lemierre	Idem.
Lesage	Turcaret.
—	Répertoire du Théâtre français.
Longepierre	Idem.
Marivaux	Idem.
Molière	Œuvres (1674). 7 vol.
—	Id. (1682). 8 vol.
—	Id. (1679). 6 vol.
—	Id. (1819-1825). 9 vol.
—	Le Misantrope.
—	Amphitryon.
—	Tartuffe.
—	Idem.
—	Les femmes scavantes.
—	Le festin de Pierre.
—	Monsieur de Pourceaugnac.
—	L'Avare.
Monnier (Henri)	Scènes populaires.
—	Les bas-fonds de la société.
Musset	Comédies et Proverbes.
Nivelle de la Chaussée	Répertoire du théâtre français.
Pailleron	Le Monde où l'on s'ennuie.
Piron	La Métromanie.
Pont de Veyle	Répertoire du théâtre français.
Ponsard	Théâtre complet.
Pradon	Théâtre.
Quinault	Œuvres choisies. 2 vol.

Racine	Œuvres (1676). 3 vol.
—	Id. (1697). 2 vol.
—	Id. (1801). 3 vol.
—	Id. (1865-1873). 9 vol.
—	La Thébayde.
—	Phèdre et Hippolyte.
—	Iphigénie.
—	Mithridate.
—	Bérénice.
—	Britannicus.
—	Andromaque.
—	Bajazet.
—	Esther et Athalie.
—	Alexandre le Grand.
—	Les Plaideurs.
	Recueil de farces, soties et moralités du xve s.
Regnard	Œuvres. 4 vol.
—	Id. 2 vol.
Rotrou	Œuvres. 5 vol.
—	Théâtre choisi. 2 vol.
Sardou	Rabagas.
Scribe	Théâtre (ouvrage incomplet). 6 v.
Sedaine	Répertoire du théâtre français.

Art dramatique étranger.

Gœthe	Faust.
Schiller	Théâtre. 3 vol.

Fables. — Romans. — Grecs et Latins.

Longus	Daphnis et Chloé.
Œsopi Phrygii	Fabulæ græcæ latine conversæ.
	Romans grecs.

Romans français. — Contes et nouvelles.

Anonyme	Les cent nouvelles nouvelles.
About	L'homme à l'oreille cassée.
Balzac	Les Contes drôlatiques.
—	Eugénie Grandet.
—	Le père Goriot.
—	La peau de chagrin. 2 vol.
—	Le lys dans la vallée.
—	Histoire des treize.
—	Louis Lambert.
Bussy-Rabutin	Histoire amoureuse des Gaules. 2 vol.
Cazotte	Le Diable amoureux.
Chateaubriand	Les Martyrs. 3 vol.
—	Atala. — René. — Le dernier d^s Abencerages.
Choderlos de Laclos	Les liaisons dangereuses. 4 vol.
Constant de Rebecque	Adolphe.
Alph. Daudet	Tartarin sur les Alpes.
—	Fromont jeune et Risler aîné.
Des Periers	Le cymbalum mundi.
Diderot	Jacques le fataliste et son maître. 2 vol.
	Les Evangiles des quenouilles.

Fénelon	Aventures de Télémaque. 2 vol. (2 ex.)
Flaubert	Madame Bovary.
Florian	Galatée.
Fournier et Arnould	Struensée.
Furetière	Le Roman bourgeois.
Grafigny (Mme de)	Lettres d'une Péruvienne.
Hamilton	Mémoire de la vie du comte de Grammont.
Krudener (Madame de)	Valérie.
Janin (Jules)	L'âne mort et la femme guillotinée.
Jean d'Arras	Mélusine.
La Fayette (de)	Zayde. 2 vol.
Lesage	Histoire de Gil Blas de Santillane.
—	Le Diable boiteux. 2 vol.
—	Le Bachelier de Salamanque. 2 vol.
De Maistre (Xavier)	Œuvres complètes.
Marguerite d'Angoulême	L'Heptameron.
Marivaux	La vie de Marianne.
Nodier	La fée aux miettes.
Perrault	Les contes de.
Prévost d'Exiles	Histoire de Manon-Lescaut et du chevalier des Grieux.
—	Suite des mémoires et aventures d'un homme de qualité.
Rabelais	Œuvres.
—	Œuvres. 3 vol.
—	Supplément aux œuvres. Les songes drôlatiques de Pantagruel.
Reybaud	Jérome Paturot à la recherche d'une position sociale.
Sand (George)	Indiana.
—	André.
Sandeau	Mademoiselle de la Seiglière.
Saintine	Picciola.
De Saint-Pierre	Paul et Virginie. (1789).
—	Même ouvrage. (1838).
Surrazin	Œuvres.
Scarron	Le roman comique.
Senancour	Obermann.
Soulié	Les mémoires du diable. 2 vol.
—	Confession générale. 2 vol.
De Staël-Holstein (Mad.)	Corinne.
De Tencin (Mad.)	Mémoires du comte de Comminges.
Topffer	Nouvelles Genevoises.
D'Urfé	L'Astrée. 5 vol.
De Vigny	Cinq-Mars.

Romans étrangers. — Contes et Nouvelles.

Boccace	Contes.
Carcano	Dodici novelle.
Cervantes-Saavedra	El ingenioso hidalgo don Quixote de la Mancha. 4 vol.
—	L'ingénieux hidalgo don Quichotte de la Manche. 2 vol.

Edgeworth (Miss)	Hélène. 2 vol.
Fielding	Tom Jones. 2 vol.
De Foë	Aventures de Robinson Crusoé.
Galland	Les mille et une nuits.
Gessner	Œuvres. 4 vol.
Goëthe	Werther. — Hermann et Dorothée.
Hoffmann	Œuvres.
Manzoni	I promessi sposi.
Poë	Histoires extraordinaires et nouvelles histoires extraordinaires. 2 vol.
Richardson	Clarisse Harlowe. 10 vol.
Scott (Walter)	Œuvres. (Traduction Defauconpret). 25 vol.
Sterne	Vie et opinion de Tristam Shandy.
—	Voyage sentimental en France et en Italie.
Swift	Voyages de Gulliver.
Tourgueneff	Pères et Enfants.
Wyss	Robinson Suisse.

Facéties

Balzac	Physiologie du mariage.
Béroalde de Verville	Le moyen de parvenir.
	Les Caquets de l'accouchée.
Erasme	Eloge de la folie.
Gosse	Histoire naturelle drôlatique et philosophique des professeurs du Jardin des plantes.
Musset et Stahl	Voyage où il vous plaira.
Nodier	Histoire du roi de Bohème et de ses sept châteaux.
Old Nick	Petites misères de la vie humaine.
Pugna Porcorum	Per placentium porcium.
	Les quinze joies du mariage.
Rabelais	Supplément aux œuvres. Les songes drôlatiques de Pentagruel.
Scarron	Virgile travesti. 2 vol.
Stahl	Scènes de la vie privée et publique des animaux. 2 vol.
Tabarin	Œuvres complètes. 2 vol.
De Tressan	Œuvres choisies. 12 vol.

Philologie

Estienne (Henri)	Introduction au traité de la conformité des merveilles.
Legrelle	Holberg considéré comme imitateur de Molière.
De Souvaize	Dictionnaire des précieuses. 2 vol.
Villemain	Discours et mélanges littéraires. 3 vol.

Epistolaires. — Polygraphes.

Buffon	Correspondance.
Mérimée	Lettres à une inconnue. 2 vol.
—	Théâtre de Clara Gazul
—	Chronique du règne de Charles IX.

Sévigné (Mme de) Lettres. 12 vol.
— Id. 16 vol.
— Lettres à Mad. de Grignan. 2 vol.

Polygraphes.

Beaumarchais Œuvres complètes. 7 vol.
Chénier (Marie-Joseph) Œuvres. 4 vol.
Fénelon Œuvres diverses.
La Fontaine Œuvres. 6 vol.
Marmontel Œuvres complètes. 11 vol.
Montesquieu Œuvres. 8 vol.
Peignot Recueil de 9 ouvrages réunis en 1 vol.
Rousseau Œuvres complètes. 27 vol.
Sarrazin Œuvres choisies.

Mélanges

Noël et de Laplace Leçons françaises de Littérature et de Morale. 2 vol.

Géographie et Histoire.

Bouillet Dictionnaire univ. d'histoire et de géograp.
Reclus (Elisée) Nouvelle géographie universelle. 12 vol.
Vivien de St-Martin Nouveau dictionnaire de géographie universelle. 6 vol.
Univers pittoresque : Histoire et descrip. de tous les peuples. 67 v.

Géographie et Histoire. — Atlas généraux

Baynol et Schnitzler Atlas historique et pittoresque. 3 vol.
Lapie Atlas universel de géographie ancienne et moderne.
Stieler's Hand Atlas.
Vivien de St-Martin Atlas universel de Géographie moderne, ancienne et du moyen-âge. 12 livraisons.
Vosgien Dictionnaire géographique.

Géographie. — Europe.

Cartes de l'Europe centrale. 28 cartes.

France. — Cartes

Carte topographiq. de la France (Etat-major.) 376 cart.
Carte de l'Empire français, divisé en 130 départ. (1811)
Carte routière et postale de France, de Belgique (1843).
Carte de la Savoie (1860).
Carte du Comté de Nice. (1860.)
Carte de la frontière Nord-Est de la France (1870-1871.)
Carte du département des Basses-Pyrénées. (1831.)
— Hautes-Pyrénées. (1831.)
Carte frontière du départ. de la Haute-Garonne. (1842.)
Carte du massif du mont Blanc (1865.)
Atlas du Puy-de-Dôme (partie.) 2 feuilles.
Carte de la frontière des Alpes. Atlas contenant 58 car.
Plans de Paris 1811, — 1829, — 1861. — De Lyon 1847.
— De Marseille 1851. — De Nantes 1853. — De Strasbourg 1849. — De Toulouse (1840.)

Géographie. — Cartes particulières de divers pays.

  Carte de l'Algérie. (1847.)
  Carte topographique du massif d'Alger ou Sahel et de la Mitidja (1848).
  Carte de l'Algérie (1845.)
  Carte de la province d'Alger (1844.)
  Carte de la province de Constantine (1844.)
  Carte de la province d'Oran (1845.)
  Carte de la Tunisie (1842.)
  Carte du Maroc (1844).
  Carte militaire topographique et stratégique de Piémont, Lombardie et Vénétie.
  Carte routière de la Suisse.
  Postkarte des Grosserzogthums Baden und Wurtemberg. (1840).
  New Map of England and Wales with part of Scotland.
  Carte du Liban.
  Carte de la Galilée.

Fournier (Félix) Catalogue général des produits exposés au Congrès des Sciences géographiques.
  Plan de Bruxelles (1849.)
  New Plan of London.

Histoire et Géographie. — Voyages. — France.

Bouillé (Roger de)	Guide de Pau aux Eaux-Bonnes.
—	Guide des Eaux-Bonnes et des Eaux Chaudes
—	Excursions dans les Basses et Hautes-Pyrénées.
	Guide du voyageur sur les bateaux à vapeur de Paris au Hâvre.
Joanne	Dauphiné et Savoie.
Moreau	Eaux-Bonnes et Eaux Chaudes.
Ramond	Voyages au mont Perdu.
Richard	Guide classique du voyageur en France et en Belgique.
—	Guide aux Pyrénées.
Taine	Voyage aux Pyrénées.
Taylor, Nodier et de Cailleux	Voyages pittoresques et romantiques dans l'ancienne France. (Normandie.) 2 vol.
—	Id. (Bretagne). 2 vol.
—	Id. (Champagne) 2 vol.
—	Id. (Bourgogne.) 2 vol.
—	Id. (Dauphiné.)

Voyages. — Europe.

Andréossy	Constantinople et le Bosphore.
Artaria	Nouveau guide du voyageur en Italie.
Demidoff	Voyage dans la Russie méridionale et la Crimée.
Dibdin	Voyage bibliographique, archéologique et pittoresque en France. 4 vol.

Ebel	Manuel du voyageur en Suisse, 4 vol.
Edmond	Voyage dans les mers du Nord.
Gautier (Théophile)	Constantinople.
Guinot	Les bords du Rhin.
—	L'été à Bade.
Gourdault	L'Italie.
Joanne	Itinéraire descriptif et historique de la Suisse, du Jura, de Baden, etc.
Laborde	Voyage pittoresque et histor. en Espagne. 2 v.
Neel	Voyage de Paris à St-Cloud par mer et retour par terre.
Pouqueville	Voyage dans la Grèce. 5 vol.
Saussure	Voyages dans les Alpes. 8 vol.
Topffer	Premiers voyages en zigzag
—	Nouveaux voyages en zigzag.
Vialla	Voyage historique et polit. au Monténégro.
Zurlauben	Tableaux topographiques, pittoresques etc. de la Suisse. 5 vol.

Voyages. — Asie et Europe.

Aucher-Eloy	Relations d'un voyage en Orient. 2 vol.
David	Journ. d'un voyage en Mongolie et en Chine.
Enault	La Terre sainte.
Flandin	Voyage en Perse. (texte et cartes.) 7 vol.
Pallas	Voyages dans plusieurs provinces de Russie et de l'Asie septentrionale. 9 vol.
Poiret	Voyage en Barbarie. 2 vol.
Tchihatcheff	Voyage scientifique dans l'Altaï oriental.
Tournefort	Relation d'un voyage du Levant. 2 vol.

Voyages

Delaporte	Voyage au Cambodge.
Hubner (baron de)	Promenade autour du Monde.
Lallemand	Tunis et ses environs.
—	La Tunisie.
Lejean	Voyage aux deux Nils. 1 vol. et 1 atlas
	Notices sur les colonies françaises. 2 vol.
Revoil	La vallée du Darror.
Taylor et Reybaud	La Syrie, l'Egypte, la Palestine et la Judée. 2 v.

Histoire. — Chronologie. — Histoire universelle.

	L'Art de vérifier les dates.
Bossuet	Discours sur l'Histoire universelle (1681).
—	— (1825).
	Le Compendium Hystorial.

Histoire des religions. — Histoire ecclésiastique.

Bossuet	Histoire des variations des Eglises protestantes. 2 vol.
Demoustier	Lettres à Emilie. 3 vol.

Histoire ancienne. — Juifs, Grecs et Romains.

Appianus	Appiani Alexandrini Romanorum historiarum, etc.

Curtius Rufus	Historia Alexandri magni.
Joseph	Histoire des Juifs. 5 vol.
Sallustius	Opera omnia. 2 vol.
Thucydide et Xénophon	Œuvres complètes.

Histoire ancienne. — Grecs, Romains.

César	Commentarii.
Cornelius Nepos	De vitâ excellentium imperatorum.
Paterculus	Quæ supersunt.
Titus Livius	Historiarum quod extat.

Histoire ancienne. — Romains et Gaulois

Montesquieu	Considérations sur les causes de la grandeur des Romains et de leur décadence.
Napoléon III	Histoire de Jules César. 2 vol. et 1 atlas.
Tacite	Histoire.
Tacitus	Cornelii Taciti Libri quinque.
Thierry (Amédée)	Tableau de l'Empire romain.
—	Histoire de la Gaule. 3 vol.
—	Histoire d'Attila et de ses successeurs. 2 v.

Histoire moderne. — Histoire générale

Le Ragois	Instruction sr l'hist^{oire} de France et romaine.
Michelet	Précis de l'histoire moderne.
Puffendorf	Introduction à l'histoire des principaux royaumes. 4 vol.

Histoire moderne. — France

D'Aubigné	Les aventures du baron de Fœneste.
Baschet	Le roi chez la reine.
—	La Diplomatie vénitienne. — Les princes de l'Europe.
Bourassé	La Touraine.
Chartier (Alain)	Les chroniques du feu roi Charles VII.
Chroniques de France :	Le premier volume des grandes...
Commines	Les mémoires de.
	Environs de Paris.
	Les Français peints par eux-mêmes. 8 vol.
Gavard	Galeries historiques de Versailles. 6 vol.
De Goncourt	La femme au 18ᵉ siècle.
Guizot	Histoire de France. 5 vol.
Harangue (la) faite par le roi Henri III.	
Jean (Sire de Joinville)	Œuvres.
La Borde	Versailles ancien et moderne.
La Chapelle-Milon	Relation des campagnes de Rocroi et de Fribourg.
La Guette (Mad. de)	Mémoires.
Las-Cases (de)	Mémorial de Sainte-Hélène. 8 vol.
Lavallée	Histoire de France.
Mézeray	Abrégé chronologique de l'histoire de France. 7 vol.
Michaud	Histoire des croisades. 6 vol.
Michelet	Jeanne d'Arc.
Mignet	Rivalité de François Iᵉʳ et Charles-Quint. 2 v.

Mignet   Histoire de la Révolution française. 2 vol.
Peigné   Dictionnaire topographique, statistique et postal de la France.
De Retz   Mémoires. 2 vol.
—   Conjuration du comte de Fiesque.
Rousset   Histoire de Louvois. 4 vol.
Saint-Simon   Mémoires complets et authentiques. 20 vol.
Satyre-Ménippée de la vertu du catholicon d'Espagne.
Sismondi (de)   Histoire des Français. 31 vol.
—   Précis de l'histoire des Français. 3 vol.
Taine   Les origines de la France contemporaine. 4 v.
Tassin   Les plans et profils de toutes les principales villes.
Thierry (Augustin) Recueil des monuments inédits de l'histoire du Tiers-Etat. 3 vol.
Thiers   Histoire de la Révolution française. 10 v. & 1 a.
Thureau-Dangin Histoire de la Monarchie de juillet. 7 v.
Villehardouin (Geoffroy de) La Conquête de Constantinople.
Voltaire   Le siècle de Louis XIV. 2 vol.

France. — Villes et provinces particulières

Beauvallet   De l'agriculture en Sologne.
Bernier   Histoire de Blois.
Bournon   Inventaire sommaire des archives communales de Romorantin.
Chevalier (l'abbé C.) Le château de Chenonceau.
Corrozet   Les antiquités croniques et singularités de Paris.
Delorme   Histoire de la ville de Saint-Aignan.
Delvau   Histoire anecdotique des barrières de Paris.
Denis   Promenades pittoresques à Hyères
Fabre   Mémoire pour servir à la statistique du département du Cher.
Janin (Jules)   La Normandie.
Jarry   La guerre des sabotiers en Sologne.
Jollois   Mémoire sur l'exploration d'un ancien cimetière romain à Gièvres.
La Saussaye (de) Le château de Chambord.
—   Blois et ses environs.
—   Histoire du château de Blois.
Lebeuf   Mémoire concern. l'histoire d'Auxerre 2 v.
Léry   Histoire mémorable de la ville de Sancerre.
Licquet   Rouen, son histoire, etc.
         Paris dans sa splendeur. 3 vol.
Pétigny   Histoire anecdot. du Vendômois. 1 v. et 1 atl.
Plat (l'abbé)   Cartulaire de l'Abbaye royale du Lieu-Notre-Dame lès-Romorantin.
Rocher   Description archéologique de l'église abbatiale de St-Benoit-sur-Loir.
Romorantin : Election de Romorantin. Rôle des sommes à imposer en 1789
Simon   Histoire de Vendôme et de ses environs. 3 v.
Touchard-Lafosse Histoire de Blois et de son territoire.

France et Pays étrangers.

Cadart (général)	Souvenirs de Constantine.
Daumas	Mœurs et coutumes de l'Algérie.
Hume	Histoire d'Angleterre. 21 vol.
Marmier	Lettres sur le Nord. 2 vol.
—	Lettres sur la Russie. 2 vol.
—	Lettres sur l'Adriatique. 2 vol.
Mignet	Négociations relatives à la succession d'Espagne. 4 vol.
—	Charles-Quint. Son abdication, etc.
Pichot	Histoire de Charles-Edouard. 2 vol.
Saint-Réal	Conjuration des Espagnols contre Venise.
Sismondi	Histoire des Républiques italiennes. 10 v.
Thierry (Augustin)	Histoire de la conquête de l'Angleterre par les Normands. 5 vol.

Pays étrangers

Baschet	Les archives de Venise.
Chaix	Nouveau guide à Londres pour l'Exposition de 1851.
Guizot	Histoire de la Révolution d'Angleterre 2 v.
Lingard	Histoire d'Angleterre 6 vol.
Vertot	Histoire des Révolutions de Portugal.
Yriarte	Venise

Art héraldique

Guigard	Armorial du bibliophile. 2 vol.
—	Nouvel armorial du bibliophile. 2 vol.

Histoire des académies

	Congrès scientifique de France à Blois 1836.
Houssaye (Arsène)	Histoire du 41e fauteuil de l'Académie franç^{se}.

Biographie et Bibliographie

Barbier (A.-A.)	Dictionnaire des ouvrages anonymes et pseudonymes.
Bernard (Aug.)	Geoffroy Tory.
Brantôme	Œuvres complètes. 2 vol.
Brunet	Manuel du libraire et de l'amateur de livres, 6 v.
Bury (de)	Philobiblion.
De Candolle (Aug.-Pyr)	Mémoires et souvenirs.
Cohen	Guide de l'amateur de livres à gravures du XVIIIe siècle.
Deschamps et Brunet	Manuel du libraire et de l'amateur de livres (supplément). 2 vol.
Deschamps	Dictionnaire de géographie à l'usage du libraire.
	Dictionnaire historique, critique et bibliographie. 30 vol.
Fée	Vie de Linné.
Fléchier	Histoire de Théodose le Grand.

Gallois	Dictionnaire historique de tous les ministres depuis la Révolution jusqu'en 1827.
Jacob (P.-L.)	La véritable édition originale des œuvres de Molière.
Janin (Jules)	Le livre.
—	L'amour des livres
Lacroix (Paul)	Bibliographie Molièresque.
Lamartine	Vies des grands hommes. 4 vol.
Leroux de Lincy	Recherches sur Jean Grolier. 1 vol. et 1 atlas.
Mignet	Notices historiques. 2 vol.
Nodier	Œuvres, Souvenirs et Portraits.
Peignot	Manuel bibliographique.
—	Manuel du bibliophile. 2 vol.
—	Essai histor. et archéolog. sur la reliure.
Pellico (Silvio)	Œuvres.
Perrault (Charles)	Les hommes illustres du 17ᵉ siècle.
Picot	Bibliographie Cornélienne.
Plutarque	Les vies des Hommes illustres. 2 vol.
Proyart	Vie du Dauphin, père de Louis XVI.
—	Vie de Madame Louise de France, fille de Louis XV. 2 vol.
Quérard	Supercheries littéraires dévoilées. 5 vol.
Rochambeau (de)	Galerie des hommes illustres du Vendômois.
Sieurin	Manuel de l'amateur d'illust., gravures, etc.
Sylvestre	Marques typographiques.
	Vie politique de tous les députés à la Convention nationale.

Bibliographie. — Catalogues.

Anonyme	Catal. d'un joli choix de livres rares (partie).
Adert	Catalogue des livres. (partie.)
Audenet	Catalogue d'une collection de très beaux livres. (partie.)
Auvillain	Catal. des livres rares et précieux. (partie.)
Bancel	Catalogue (partie.)
Barras	Catal. des livres de l'Ecole romantiq. (partie).
Beauregard (de)	Catalogue des livres. etc. etc.
Behague	Catalogue des livres.
Benzon	Catalogue des livres (partie.)
Bertin	idem.
Bohle	idem. (partie).
Boutourlin	idem.
Brongniart	idem. (partie).
Brunet	idem.
Bure	idem.
Cailhava	idem.
Capé	idem. (partie.)
Châteaugiron (de)	idem. (partie.)
Cigongne	idem.
Cousin	idem.
Crepé	idem. (partie.)
Decaisne	idem.
Desq	idem. (partie.)

Defresne	Catalogue des livres	
Desbarreaux	idem.	
Destailleur	idem.	
Firmin-Didot	idem.	3 vol.
Fontaine	idem.	4 vol.
G.(M.-L.-F.)	idem.	
G. (M. S.)	idem.	
Gancia	idem.	(partie).
Gautier (Emile)	idem.	
Gay	idem.	(partie).
Genard	idem.	
Gosford	idem.	(partie.)
Guy-Pellion	idem.	(partie.)
Hoym (de)	idem.	
Huillard	idem.	
Janin (Jules)	idem.	(partie.)
Joursanvault	idem.	2 vol.
Jussieu (de)	idem.	
Kaminski	idem.	(partie.)
La Bédoyère	idem.	
La Gondie	idem.	(partie.)
Lambert	idem.	
Laroche Lacarelle	idem.	
La Saussaye	idem.	(partie).
La Vallière	idem.	
Le Barbier de Tinan	idem.	(partie).
Lebœuf de Montgernon	idem.	
Lekens	idem.	(partie).
Lessore	idem.	(partie).
Maas	idem.	(partie).
Maglione	idem.	
Marescot	idem.	(partie).
Marquis	idem.	(partie).
Martineau des Chenets	idem.	(partie).
Méon	idem.	
Monjean	idem.	(partie).
Moquin-Tendon	idem.	(partie).
Morgand	Bulletin de la librairie Morgand et Fatout. 2 v.	
—	Bulletin de la librairie Morgand. 3 v. et 5 liv.	
—	Répertoire général et méthodique de la librairie Morgand et Fatout.	
Mosbourg	Catalogue des livres.	
Muller	idem.	
Nodier	Mélanges tirés d'une petite bibliothèque.	
—	Description raisonnée d'une jolie collection de livres.	
Noilly	Catalogue des livres (partie.)	
Paradis	idem.	(partie).
Pichon	idem.	
Piot	idem.	
Pixérécourt (de)	idem.	(partie).
Potier	idem.	
Quentin-Bauchart	Mes livres.	

Radziwill	Catalogue des livres (partie).
Ravanat	Catalogue des livres rares.
Renard	idem. (partie)
Rochebilière	Bibliographie des éditions originales.
Roger du Nord	Catalogue des livres (partie).
Rothelin	idem.
Roure (de)	idem.
Ruggiéri	idem.
S.	idem.
Sauvage	idem. (partie).
Sylvestre de Sacy	idem. (partie).
Taschereau	idem.
Taylor	Catalogue de la Bibliothèque dramatique.
Techener	Catalogue des livres.
Torelli (de)	idem. (partie).
Tufton	idem. (partie).
Turner	idem. (partie).
Viollet-le-Duc	idem. (partie).
Vurtz	idem. (partie).
Willems	Les Elzevier.
Wynne (de)	Catalogue des livres (partie).
Yemeniz	idem.

Mélanges et Dictionnaires encyclopédiques.

Encyclopédie moderne. 30 vol.

TABLE

Extrait du règlement............	1
Théologie, Ecriture sainte.........	3
— — Interprètes	3
— Théologie morale. Polémique	3
Jurisprudence. Droit français ancien.	4
Droit français. Code civil.........	4
Généralités. Droit ancien et moderne	5
Droit ancien...................	5
Droit français. Code de procédure...	5
— Code de commerce...	5
— Code pénal.........	5
Droit administratif français........	5
Droit français. Traités spéciaux.....	6
Droit étranger.................	6
Sciences morales et politiques......	6
Economie politiq Industrie. Commerce	9
Sciences morales et politiq. Pédagogie	11
Sciences généralités.............	12
Sciences naturelles. Géologie......	13
— Botanique......	14
— Zoologie.......	14
— Agriculture	15
— Jardinage. Viticul.	16
Sciences mathématiques. Arithmétiq. Algèbre.....	16
— Géométrie.......	16
— Physique Chimie...	17
Sciences. Astronomie............	17
— Géodésie. Ponts-&-Chaussées	17
Sciences mathématiques appliquées. Art militaire	17
Sciences médicales..............	18
— Art vétérinaire...	19
Sport. Chasse. Escrime. Danse. Vélocipédie...................	19
Sciences et Arts. Beaux-Arts......	19
— Architecture.........	21
— Art héraldique.......	21
— Industrie. Arts et métiers	22
Belles-Lettres. Linguistique........	22
— Orateurs...........	23
— Poésies. Poètes latins.	23
— Poésie. Poètes français	24
— Poésie. Poètes étrangs.	25
— Art dramatique français	26
— Art dramatique étrang'	27
— Fables et contes.....	28
— Facéties............	28
— Romans français.....	28
— Romans étrangers....	40
— Philologie..........	41
— Polygraphes	43
Ouvrages latins-français, latins et grecs	44
Histoire et géographie. Dictionnaires, généralités..................	45
Géographie. Voyages.............	46
Histoire universelle	49
Histoire moderne, histoire générale.	50
Histoire ancienne, histoire romaine..	50
— Grèce...........	50
Histoire ancienne et du Moyen-Age. Biographie....................	50
Histoire. Biographie générale.......	51
Histoire moderne. France.........	51
— — Hist. locales	55
— — Biographie .	56
— Europe. Etats divers	58
— Afrique, Amérique, Océanie........	59
Histoire, Archéologie.............	59
Histoire littéraire................	59
Paléographie...................	60
Histoire de France, antiquités et monuments....................	60
Histoire ecclésiastique. Bibliographie.	60
Mélanges, Journaux, Revues, Dictionnaires encyclopédiques........	60
Bibliothèque Martin........	**63**

www.ingramcontent.com/pod-product-compliance
Lightning Source LLC
Chambersburg PA
CBHW070316100426
42743CB00011B/2454